Denkanstöße 2021

PIPER

Zu diesem Buch

Was kann jeder von uns tun, um grüner und nachhaltiger zu leben? Warum müssen wir über Heimat und Identität nachdenken, wenn wir als Gesellschaft wieder handlungsfähig werden wollen? Und was verrät die Nachwendegeneration über den Status Quo der deutschen Einheit?

Diese Fragen stehen stellvertretend für die *Denkanstöße 2021*, die acht besondere Perspektiven auf unser gesellschaftliches, privates und politisches Leben versammeln und damit zum Nachdenken anregen. In diesem Lesebuch erwarten Sie kenntnisreiche und herausfordernde Beiträge von Nora Kreft, Bettina M. Pause und Shirley Seul, Denis Scheck, Philipp Gut, Valerie Schönian, Alexander von Schönburg, Rolf Dobelli und Ulrich Wickert.

Isabella Nelte studierte Literaturwissenschaft und Kunstgeschichte, bevor sie sich mit einer antiquarischen Buchhandlung einen Lebenstraum erfüllte. Sie lebt mit ihrer Familie in einer alten Mühle im Taunus.

Denkanstöße 2021

Ein Lesebuch aus Philosophie, Kultur und Wissenschaft

Herausgegeben
von Isabella Nelte

PIPER

Mehr über unsere Autoren und Bücher:
www.piper.de

FSC
www.fsc.org
MIX
Papier aus verantwortungsvollen Quellen
FSC® C083411

Originalausgabe
ISBN 978-3-492-31617-0
September 2020

Umschlaggestaltung: semper smile, München
Umschlagabbildung: Shutterstock.com/nav
Satz: Kösel Media GmbH, Krugzell
Gesetzt aus der Times New Roman PS
Druck und Bindung: CPI books GmbH, Leck
Printed in the EU

INHALT

Vorwort

Im Frühjahr 2020, als diese Anthologie zusammengestellt wird, steht die Welt Kopf. Das neuartige Coronavirus verbreitet sich rasant, innerhalb kürzester Zeit hat es sich zu einer weltweiten Pandemie entwickelt. Zahlreiche Länder befinden sich im Lockdown, das öffentliche Leben pausiert, die Menschen bleiben zu Hause und auf Abstand zueinander. Viele Dinge, die noch bis vor wenigen Wochen als Gewissheiten angesehen wurden, gelten nicht mehr. Plötzlich sind wir zurückgeworfen auf die eigenen vier Wände, das Gedankenkarussell dreht sich in der Ausnahmesituation schneller denn je. Eine ideale Strategie zur Bewältigung dieser – und anderer – Krisensituationen kann das Lesen sein. Denn wenn wir lesen, sind wir allein, aber nicht einsam, können vom eignen Wohnzimmer im Geiste die ganze Welt bereisen und unseren Verstand schärfen. Das wusste auch Johann Wolfgang von Goethe, der sagte: »Wer Bücher liest, schaut in die Welt und nicht nur bis zum Zaune.«

Die hier versammelten Texte der *Denkanstöße 2021* laden Sie ein zu einer Reise weit hinaus über den Zaun und die Grenzen der eigenen Gedankenwelt. Nora Kreft lässt große Philosophinnen und Philosophen auf erfrischende Art und Weise diskutieren, was Liebe eigentlich bedeutet. Bettina Pause und Shirley Seul zeigen, warum wir gut beraten sind, wenn wir viel häufiger unserem Geruchssinn vertrauen. Denis Scheck stellt mit seinem Kanon die oft allzu engen Grenzen der Literatur infrage. Philipp Gut setzt dem Gerechtigkeitskämpfer Ben Ferencz zum hundertsten Geburtstag ein überfälliges Denkmal, Valerie Schönian erforscht, wo wir dreißig Jahre nach der Wiedervereinigung Deutschlands wirklich stehen, Alexander von Schönburg gibt Inspirationen für einen freudvollen grünen Lebensstil, Rolf Dobelli zeigt, warum News Gift für unseren Geist sind, und Ulrich Wickert erklärt, warum ein gemeinsames Wertegerüst für eine Gesellschaft unverzichtbar ist – gerade in schwierigen Zeiten.

Die hier versammelten Autorinnen und Autoren setzen sich kritisch mit der Wirklichkeit auseinander, in der wir leben. Damit liefern sie wertvolle Impulse, um das eigene Denken und Tun zu hinterfragen und gegebenenfalls neu zu ordnen. Schauen Sie also mit ihnen in die Welt.

Isabella Nelte

ERKENNTNISSE

Aus Wissenschaft und Philosophie

Nora Kreft

Was ist Liebe, Sokrates?

Die Liebe stellt regelmäßig unser Leben auf den Kopf. Man kann nicht nebenbei lieben und ansonsten weitermachen wie bisher: Liebe verändert uns von Grund auf, verwandelt Sehnsüchte und Wünsche, und auch unsere Wahrnehmung. Wir sehen und hören anders, wenn wir lieben, weil unsere Aufmerksamkeit einen neuen Fokus hat. Kein Wunder, dass gerade der Beginn der Liebe sehr verwirrend und anstrengend sein kann. Alle Gedanken kreisen auf einmal um den Liebsten oder die Liebste, und man hofft nichts sehnlicher, als dass man zurückgeliebt wird. Das macht ziemlich verletzlich, nicht nur anfangs, sondern überhaupt: Liebende gewöhnen sich nicht wirklich an die Liebe und werden mit der Zeit nicht weniger verletzlich. Wenn man zum Beispiel eine Person verliert, die man liebte, ist es nicht leicht, weiterhin jeden Tag aufzustehen und weiterzuleben. Es ist, als ob uns erst die Liebe erklärte, was Sterben eigentlich bedeutet und was Alleinsein ist.

Liebe überkommt uns manchmal plötzlich, und manchmal bahnt sie sich langsam an, aber in jedem Fall entzieht sie sich unserer direkten Kontrolle. Sie mischt sich zwar in unsere Entscheidungen ein, zumindest in die wichtigen, aber zur Liebe selbst kann man sich nicht einfach entscheiden. Man kann sich zu ihr bekennen oder nicht, man kann versuchen, die Schar von Gefühlen und Wünschen zu ignorieren, die sie mit sich bringt, aber ob man überhaupt liebt, liegt nicht einfach in unserer Hand, und das gilt für romantische Liebe ebenso wie für Elternliebe, Geschwisterliebe, tiefe Freundschaft und so weiter.

Wenn sie uns so verändert und verletzlich macht und wir sie noch nicht einmal selbst in der Hand haben, warum sehnen wir uns trotzdem nach Liebe? Was ist das Besondere an ihr? Warum würden die meisten sogar lieber unglücklich als überhaupt nie lieben? Warum versuchen wir, sie in unzähligen Liedern in Worte zu fassen? Warum ist es überhaupt so schwer, die richtigen Worte für Liebe zu finden? Warum vertun wir uns so oft dabei und setzen immer wieder an?

Weil Liebe so ein erstaunliches Phänomen ist und weil es sie schon seit Anfang der Menschheit zu geben scheint – auf jeden Fall seit Beginn der von Menschen dokumentierten Geschichte –, hat sich auch die Philosophie schon immer Gedanken über Liebe gemacht. Große Philosophen und Philosophinnen aus allen Jahrhunderten haben sich gefragt, was romantische Liebe, Elternliebe, Geschwisterliebe und tiefe Freundschaft gemeinsam haben, was sie eigentlich alle zu Liebe macht, und kluge Ideen zu Papier gebracht. Wäre es nicht ungemein spannend, wenn sie durch die Zeit reisen und unsere Fragen zur Liebe mit uns diskutieren könnten? Die grundlegenden Fragen, die sich allen Menschen schon immer gestellt haben, aber auch über die Themen, die uns im Augenblick ganz besonders angehen und die Ausdruck unserer Zeit und Kultur sind – Dating Apps, Liebe und künstliche Intelligenz und so weiter?

Auf den folgenden Seiten spinnen wir dieses Gedankenspiel weiter. Acht Philosophinnen und Philosophen treffen aufeinander, und zwar in Immanuel Kants Haus in Königsberg, also im heutigen Kaliningrad. Es sind historische Figuren aus ganz verschiedenen Zeiten, die Wesentliches zur Philosophie der Liebe beigetragen haben: Sokrates aus der klassischen Antike, Augustinus aus deren Endphase und dem beginnenden Mittelalter, Immanuel Kant aus dem 18. und Søren Kierkegaard aus dem 19. Jahrhundert, Sigmund Freud und Max Scheler aus der ersten und Simone de Beauvoir und Iris Murdoch aus der zweiten Hälfte des 20. Jahrhunderts. Sie kommen zusammen, weil Immanuel Kant eine mysteriöse Einladung verschickt hat. Früher lud er häufig zu sich ein, aber irgendwann wurde es still um ihn. Jetzt taucht er plötzlich aus der Versenkung auf und will über Liebe reden. Dem historischen Immanuel war die Liebe moralisch suspekt. Der Immanuel in diesem Buch will das Thema noch einmal aufrollen, und seine sieben Gäste sollen ihn dabei unterstützen.

Sokrates läutete die nächste Sitzung ein: »Jetzt ist die Zeit gekommen, um über Glück und Unglück zu sprechen. In den trägen Mittagsstunden, in denen die Müdigkeit ihr Netz auswirft.«

Simone schaute ihn etwas ratlos an. Sie wusste nicht recht, ob sie warten oder anfangen sollte. Immanuel hatte für einen Moment die Augen geschlossen und döste im Sonnenlicht, das jetzt durch die Fenster schien. Dann rappelte er sich auf und sagte: »Ein paar Schluck Wasser und wir sind wieder in Fahrt, meine Freunde! In zwei Stunden mache ich einen kurzen Gang um den Block – natürlich gern in Begleitung, falls jemand mitkommen möchte. Aber bis dahin: Simone, erklär uns doch bitte deine Zweifel.«

Simone stand in den Startlöchern: »Es ist ganz einfach«, begann sie. »Warum gehen wir eigentlich davon aus, dass Liebe etwas Gutes ist? Liebe macht doch oft ziemlich unglücklich: Wenn der Geliebte die Liebe nicht erwidert oder wenn ihm etwas zustößt, wenn er gar stirbt, dann leidet die Liebende furchtbare Schmerzen und kann sich auf gar nichts anderes mehr konzentrieren. Liebe macht verletzlich.«

»Aber das Glück, das man erfährt, solange man den Geliebten um sich hat und mit ihm das Leben teilen darf, ist diese potenziellen Schmerzen doch wert. Man geht ein Risiko ein, wenn man sich auf Liebe einlässt, aber ganz ohne Risiko gibt es nichts Gutes, oder?«, meinte Iris und goss sich Kaffee nach.

»Doch!«, mischte sich Augustinus ein. »Wer Gott liebt, geht kein Risiko ein. Gott kann man nicht verlieren. Deshalb kann man sich an ihm ganz ohne Angst und Schmerz erfreuen. Darum glaube ich ja, dass wir nur Gott lieben und die weltlichen Güter links liegen lassen sollten. Na ja, und auch aus den Gründen, die ich heute Morgen schon vorgetragen habe.«

Iris sah nachdenklich aus, aber Simone übernahm wieder, noch bevor sie etwas erwidern konnte: »Hey, ich war noch nicht fertig! Ich spreche jetzt nur von Liebe zu anderen Menschen, Augustinus, denn die Möglichkeit der Gottesliebe hilft Atheistinnen wie mir nicht wirklich weiter. Die Liebe zu Menschen macht, wie gesagt, verletzlich und ist deshalb riskant. Egal ob erotische Liebe oder Elternliebe oder enge Freundschaft. Insbesondere die erotische Liebe birgt allerdings noch weitere Gefahren, über die wir nachdenken müssen. Denn selbst wenn alles einigermaßen glimpflich verläuft, man als Liebespaar zusammenlebt und einem der Geliebte nicht abhandenkommt, kann sie dazu führen, dass man sich selbst verliert. In der Liebe gibt es zwei widerstreitende Tendenzen: eine, die die Autonomie der Liebenden bestärkt und fördert, und eine, die genau das Gegenteil zu Folge hat und ihre Autonomie untergräbt. Liebende wollen einerseits miteinander kommunizieren, einander herausfordern und sich gerade an ihrer Zweisamkeit erfreuen, und dafür müssen beide autonom sein. Und andererseits haben sie den Hang, sich mit dem Geliebten zu identifizieren, zu denken und zu tun, was er denkt und tut. Und zwar nicht, weil man es selbst überdacht hat und auch für richtig hält, sondern nur, weil es von *ihm* kommt.«

»Ist das nicht …«

»Immer noch nicht fertig, Immanuel!«, rief Simone und streckte ihm defensiv die Handflächen entgegen. »Unter bestimmten Umständen wird diese zweite Tendenz besonders wirkmächtig und gewinnt die Oberhand, zum Beispiel in Gesellschaften, die von Unterdrückung gekennzeichnet sind. Patriarchale Gesellschaften fallen darunter. Dort werden Männer als die eigentlichen Subjekte gehandelt, die sich entfalten und autonom werden sollen, während Frauen nur an der Seite eines Mannes soziale Anerkennung bekommen. Es wird von Frauen nicht erwartet, ein eigenständiges Leben zu führen, sondern einen attraktiven Mann zu ergattern, an dessen Leben sie dann teilhaben und den sie in seinem Werdegang unterstützen können. Unter anderem indem sie die Kinder großziehen und den Haushalt führen. Ihre Begabungen können Frauen hier nicht wirklich entwickeln und ausleben, höchstens als amüsantes Hobby, und dementsprechend frustriert und gelangweilt sind sie oft. Besonders wenn die Kinder dann aus dem Haus sind. Als Gegengift gegen diese Frustration und – ja, mehr noch – dieses Leid stürzen sie sich in die Liebe. Sie geben sich ihrem Mann ganz hin, und er muss als Gegenleistung *für sie* leben, groß herauskommen, Karriere machen. Je stärker er ist, desto besser fühlt sie sich mit ihren gestutzten Flügeln. Die Liebe zu ihm verstärkt also ihre gesellschaftliche Ohnmacht, ja macht sie zur Komplizin ihrer eigenen Unterdrückung. In einer solchen Situation kann es für Frauen wirklich besser sein, der Liebe zu entsagen oder wenigstens keine konventionellen Beziehungen mit Männern zu führen. Denn erstens ist Autonomie ein ebenso hohes Gut wie Liebe, wenn nicht ein noch höheres, und die geht einem in solchen Szenarien verloren. Und zweitens wird die Liebe durch den Verlust von Autonomie ja ohnehin torpediert: So eine Abhängigkeit vom Geliebten kann nicht lange gut gehen. Falls sich herausstellt, dass der Mann gar nicht so stark ist wie erhofft, oder wenn er scheitert, dann erfüllt er nicht mehr seine Funktion für die frustrierte Frau. Und wenn die Frau keine eigenen Gedanken mehr hegt und sich völlig für den Mann aufreibt, dann wird auch sie mit der Zeit weniger interessant, weniger attraktiv für ihn. Und aus ist es mit der Liebe, die doch die Rettung sein sollte.«

Simone hatte ihre Überlegungen mitreißend und bestimmt vorgetragen. Die anderen waren nacheinander aus ihrer Versenkung aufgetaucht, als ob Simones Körperspannung sie aufgerichtet hätte. Man war jetzt bei der Sache.

»Also, du willst sagen: Liebende haben immer schon den Hang, sich selbst aufzugeben und ihre Autonomie für den Geliebten an den Nagel zu hängen. In patriarchalen Gesellschaften wird dieser Hang noch verstärkt, sodass er sich Bahn brechen kann. Jedenfalls in Frauen, wenn sie Beziehungen mit Männern führen. Und was besonders schlimm ist: Damit verlieren die Liebenden nicht nur ihre Autonomie, sondern letztlich auch die Liebe. Denn Liebe ohne Autonomie hat kein langes Leben«, fasste Immanuel zusammen, und Simone nickte.

»Was wolltest du denn eben sagen, als ich dich unterbrochen habe?«, fragte sie ihn dann gnädig.

»Oh, nichts Besonderes. Und ich habe ja *dich* unterbrochen. Bitte entschuldige!«

»Wie furchtbar anständig ihr auf einmal seid!«, schmunzelte Sigmund, und alle lachten. »Aber was wolltest du denn nun sagen, Immanuel?«

»Einfach nur, dass diese problematische Tendenz, sich mit dem Geliebten zu identifizieren und eins mit ihm werden zu wollen, mit der Angst zu tun haben könnte, ihn zu verlieren. Deshalb schmiegen wir uns immer näher an, schlüpfen in seine Gedanken und seine Handlungen, als wären sie die unsrigen. So haben wir das Gefühl, ihn immer mit uns zu tragen und überall zu sein, wo auch er ist. Weil wir eben *wie* er geworden sind. Die Verletzlichkeit, von der eben die Rede war, wäre dann die Wurzel allen Übels und nicht einfach ein separates Thema.«

»Das mag sein«, erwiderte Simone. »Dann ist eben die Angst vor dem Verlust des Geliebten verantwortlich für den Hang zur Selbstzerstörung. In diesem Fall wäre er nicht nur in der erotischen, sondern in jeder Art der Liebe anzutreffen, denn die machen ja alle auf die gleiche Weise verletzlich. Und ja, warum nicht, vielleicht hat jede Liebe diese Tendenz, sich selbst zu unterminieren. Aber der wichtige Punkt ist: Die Ungerechtigkeit des Patriarchats ist verantwortlich dafür, dass dieser Hang die Oberhand gewinnt, wenigstens in Frauen.«

»Deiner Analyse zufolge bringt das aber auch die Männer um die Liebe, wenn sie Liebesbeziehungen mit Frauen führen«, warf Iris ein.

»Ja, natürlich, das Patriarchat ist auch für Männer schlecht. Nicht nur aus diesem Grund, aber *auch* deshalb«, schoss Simone nach.

»Das Patriarchat ist ja noch nicht überwunden. Sollten Frauen und Männer also besser auf Abstand gehen? Das wird schwierig werden … Jedenfalls für heterosexuelle Menschen. Die Libido ist ein starker Trieb, und sie zu unterdrücken geht oft schief«, warnte Sigmund.

»Ach, heterosexuell, homosexuell. Ich bin mir nicht sicher, ob das wirklich so streng festgelegt ist. Ich kann mich auch in Frauen verlieben. Ich glaube, das ist nur eine Frage der Übung. Wir müssen lernen, sozial kontingente Schablonen des Begehrens abzulegen und zuzulassen, dass Personen aller Art erotische Wirkung auf uns haben können, nicht nur sogenannte Männer oder sogenannte Frauen oder sogenannte Dies-oder-Das. Wenn es für Frauen besser ist, keine Beziehungen mit Männern zu führen, solange das Patriarchat noch nicht überwunden ist, dann lieben sie eben andere Frauen!« Iris schüttelte befreit den Kopf.

»Oder sie finden eine Weise, mit Männern zusammenzuleben, die das Risiko der Selbstaufgabe möglichst minimiert. Ein klassischer bürgerlicher Haushalt ist zum Beispiel wenig förderlich. Zumindest sollten Frauen finanziell unabhängig sein und ihren eigenen Kopf bewahren, sich selbst ernst nehmen. Das bedeutet, sich zu bilden, Bücher zu lesen, auch Schwieriges zu durchdenken. Und zu arbeiten«, fügte Simone hinzu.

»Ich … ich … Ist Autonomie eigentlich wirklich so wichtig?«, platzte auf einmal Søren dazwischen. »Autonomie in dem Sinne, wie ihr darüber sprecht, hört sich in meinen Ohren wie eine komödiantische Illusion an, ein Witz, und das Leben, das ihr euch als autonom vorstellt, macht doch nicht glücklich. Meint ihr denn wirklich, dass alles in Ordnung wäre, wenn man arbeiten geht, anstatt bei den Kindern zu bleiben?«

»Das musst du genauer erklären!«, rief Sokrates, der ausnahmsweise auf einem Stuhl saß und jetzt interessiert die Ellenbogen auf den Tisch stützte, um sein Kinn in die Hände zu legen.

»Ihr redet von Autonomie, als wäre es das Leichteste in der Welt«, führte Søren aus. »Sich selbst zu kontrollieren, die eigenen Gedanken und Handlungen im Griff zu haben. Aber das ist so absurd, wie sich selbst zu erschaffen. Das können Menschen nicht. Wir sind nicht in dem Sinne frei, dass wir vollkommene Kontrolle über uns hätten. Denkt nur an unsere tiefsten Überzeugungen und – ja, an die Liebe in unserem Herzen zu diesem oder jenem Menschen. Solche Zustände sind es, die uns ausmachen und zu allerinnerst angehören. Und doch werden wir gerade in diese Zustände *gezogen* und hineinmanövriert: Wir wählen weder die Überzeugungen noch wen wir lieben. Beim Rechnen entscheiden wir uns ja nicht, dass 2 und 2 am Ende 4 ist, sondern wir können nicht anders, als das zu glauben, wenn wir die Rechenschritte durchlaufen. Wir lassen uns von der Wahrheit ziehen. So ist es auch mit anderen Überzeugungen und mit der Liebe. Wir können uns nicht entscheiden, eine bestimmte Person zu lieben oder nicht zu lieben, sondern wenn Gott gnädig ist, öffnet er unser Herz für sie. Wir wählen und entscheiden uns erst im nächsten Schritt, wenn es darum geht, diese Überzeugungen und diese Liebe zu leben, zu ihnen zu stehen, sie als Geschenk anzunehmen oder eben nicht. Vollständige Selbstkontrolle anzustreben und ein Leben danach auszurichten – oh nein, das wäre ein schreckliches Missverständnis. Eine Komödie, die zum Weinen bringt. Welche Vergeudung!«

»Søren, du verzerrst meine Position«, entgegnete Simone scharf, und Søren zuckte zusammen. »Ich habe nicht behauptet, dass es bei Autonomie um vollständige Selbstkontrolle geht. Im Grunde genommen haben wir das Wesen der Autonomie noch gar nicht genauer in den Blick genommen, sondern sind von einem vortheoretischen Verständnis ausgegangen, wonach autonom zu sein bedeutet, den eigenen Kopf zu bewahren und nicht ganz von einem anderen Menschen abhängig zu werden, vor allem eben geistig. Das ist ja kompatibel mit dem, was du sagst, oder etwa nicht? Wenn du recht hast und Autonomie in der bewussten Entscheidung für die inneren Zustände besteht, mit denen wir uns vorfinden, dann verlieren liebende Frauen im Patriarchat in genau diesem Sinne ihre Autonomie. Sie entscheiden sich nicht mehr für ein Leben im Lichte ihrer eigenen Überzeugungen, weil sie sich zu sehr an den Überzeugungen ihres Mannes ausrichten und die eigenen ignorieren und verkümmern lassen. Selbst ihre eigene Liebe nehmen sie nicht ernst und riskieren unbewusst ihr Ende. Bildung und Arbeit können dem entgegenwirken, aber es gibt sicher noch andere Möglichkeiten. Und sicherlich sind das noch keine direkten Wege zum Glück! Es sind Hilfsmittel, Versuche, sich aus der Unterdrückung und der aus ihr resultierenden Selbstentfremdung zu befreien. Am besten wäre es natürlich, wenn wir in einer gerechten Gesellschaft leben würden, wo alle gleichermaßen als Subjekte anerkannt werden und Liebesbeziehungen für Frauen nicht so gefährlich wären. Da ist Glück vielleicht möglich, und da kann man vielleicht ohne Vorsicht lieben und gleichzeitig seinen eigenen Kopf bewahren. Immerhin gibt es ja in der Liebe auch den Hang, die eigene und die Autonomie des Geliebten zu bestärken, und in einer gerechten Welt hat dieser Hang eine gute Chance, sich zu entfalten.«

»Stimmt …« Sokrates wiegte wieder den Kopf hin und her. »Søren hat trotzdem einen interessanten Punkt aufgeworfen. Wir sollten über das Wesen der Autonomie genauer nachdenken, um ihren Wert und ihr Verhältnis zur Liebe besser einschätzen zu können.«

»Weil man ja nicht bestimmen kann, wie wertvoll etwas ist, wenn man keine Ahnung hat, *was* es eigentlich ist, nicht wahr, mein Lieber?«, grinste Iris in Sokrates' Richtung.

»Völlig richtig, das Wissen um das Was hat immer noch Vorrang!«, sagte Sokrates und rieb sich fröhlich die Hände. »Also, was ist Autonomie? Ich muss gestehen, dass ich zuweilen erwogen habe, ob Seelen nicht selbstbewegte Beweger sind. Damit meine ich, dass sie sich aus sich selbst heraus bewegen können und nicht von außen bewegt werden müssen wie materielle Körper.

In Platons *Phaidros* bezieht sich Sokrates auf Seelen als »selbstbewegte Beweger« und argumentiert auf dieser Basis für ihre Unsterblichkeit. Die Idee ist, dass Seelen im Gegensatz zu Körpern ohne Anstoß von außen auskommen, um sich zu bewegen. Sie können sich nämlich selbst bewegen, sozusagen von innen heraus. Das macht sie natürlich unabhängig von der äußeren Welt.

Fasst man den Begriff der ›Bewegung‹ recht weit, dann sind Seelen entsprechend unabhängig und fähig zu einem hohen Maß an Selbstkontrolle. Und sie sind dadurch auch angewiesen auf eine Vorstellung vom Guten, denn solchen Selbstbewegern – und wahrscheinlich *nur* solchen Selbstbewegern – stellt sich die Frage, wie sie leben sollen. Aber vielleicht hat Søren recht und dieses Verständnis von Seelen ist problematisch. Wenn Platon jetzt hier wäre, könnten wir das diskutieren! Aber nun ist er nicht hier, typisch, und eigentlich will ich auf etwas anderes hinaus: Sørens Beitrag erinnert mich daran, dass man Autonomie möglicherweise ohnehin unabhängig von Selbstkontrolle denken kann.

Platon taucht in seinen Dialogen fast nie selbst als Figur auf, obwohl er natürlich im echten Leben ständig in Gespräche mit Sokrates verwickelt war – schließlich war er Sokrates' Schüler und liebte ihn über alles. Im *Phaidon*, dem Dialog, in dem der zum Tode verurteilte Sokrates den giftigen Schierlingsbecher trinkt, wird explizit auf seine Abwesenheit hingewiesen: Angeblich war Platon zu krank, um dem letzten Gespräch beizuwohnen.

Du bringst Überzeugungen ins Spiel, Søren, und du hast recht: In einem gewissen Sinne haben wir unsere Überzeugungen nicht unter Kontrolle. Wir können nicht anders, als das zu glauben, was sich uns als wahr darstellt. Und doch können das Bilden von Überzeugungen und allgemein das Nachdenken autonom sein. Allerdings nicht unter allen Umständen, und jetzt wird es spannend. Nehmt mal die folgenden drei Beispiele. In einem Fall überlegt jemand, was 2 und 2 ist, und kommt zu dem Ergebnis: Es ist 4. In einem zweiten Fall überlegt jemand, was 2 und 2 ist, und ihre Lehrerin flüstert ihr ins Ohr: 4. Sie versteht nicht, warum, aber sie glaubt der Lehrerin. In einem dritten Fall überlegt jemand, was 2 und 2 ist, und kommt zu dem Ergebnis: 3.

Ich weiß nicht, wie es euch geht, aber aus meiner Sicht denkt nur die erste Person autonom nach. Im zweiten Fall wird der Denkprozess der Person durchkreuzt von etwas, das von ›außen‹

kommt und nicht auf ihre eigene Aktivität zurückzuführen ist. Das gilt auch für das dritte Beispiel, denn Fehler sind Ergebnis von Ablenkung, Müdigkeit und so weiter – Stolpersteine, die wie das Einflüstern der Lehrerin zwischen der Nachdenkenden und ihren Gedanken stehen. Was ist nun das Besondere an Fall eins? Warum ist das ein Fall von autonomem Nachdenken? Nicht einfach, weil die Person am Schluss eine wahre Überzeugung hat, denn das hat sie ja auch im zweiten Fall. Sondern eher, weil sie *versteht*, warum 4 die richtige Antwort ist. Fragen wir sie, kann sie uns erklären, warum die Summe von 2 und 2 nun einmal 4 ergibt. Mein Vorschlag ist also, dass Nachdenken dann autonom ist, wenn es ungehindert ist, und das ist es, wenn es in Verstehen resultiert – in Verstehen des Sachverhalts, über den man eben nachdenkt. Und deshalb stimme ich auch Simone zu, wenn sie sagt, dass Autonomie glücklich macht oder wenigstens ein wesentlicher Teil vom Glück ist. Denn ich habe ja schon anfangs erwähnt, dass das Glück meines Erachtens in Weisheit besteht, im *Verstehen* der Ideen.«

»Und wie verhält sich Autonomie dann zu Liebe?«, fragte Immanuel.

»Ich denke, wir sollten zunächst einmal zwei Fragen auseinanderhalten. Nämlich zum einen, ob wir autonom lieben können oder nicht, angesichts der Tatsache, dass man Liebe nicht kontrollieren und aktiv wählen kann. Und zum anderen, ob Liebe, wenn sie einmal da ist, gut oder schlecht für die Autonomie der Liebenden insgesamt ist.«

»Das scheint mir vernünftig zu sein«, stimmte Immanuel zu.

»Wenn man autonom nachdenken kann, ohne den eigenen Denkprozess und das Bilden von Überzeugungen selbst zu kontrollieren, dann sollte auch im Fall von Liebe nichts dagegensprechen«, fuhr Sokrates fort. »Möglicherweise lieben wir dann autonom, wenn wir verstehen, warum der Geliebte so liebenswert ist. Was die zweite Frage betrifft: Nun, meine Antwort sollte euch nicht mehr verwundern. Da ich ja glaube, dass Liebende einander helfen, sich an die Ideen zu erinnern und auf diese Weise zu verstehen, warum die Welt so ist, wie sie ist, muss Liebe *gut* für die Autonomie der Liebenden sein. Aus meiner Sicht macht Liebe auch nicht wirklich verletzlich: *Ohne* Liebe ist man viel verletzlicher, weil man ja im Dunkeln tappt, nichts wirklich versteht, auch nicht sich selbst. Man ist dann all den Wirkmächten ausgesetzt, die einen Lebenszeit kosten und um das Glück bringen – Begehren aller Art, nach Geld und Macht und so weiter. Und Einflüsterungen falscher Götter. Trotzdem stimme ich Simone in einigen Punkten zu. Es gibt soziale Umstände, in denen die Wiedererinnerung der Liebenden gehindert wird – in ungerechten Gesellschaften ist das wohl so. Um Autonomie und Liebe eine Chance zu geben, müssen wir für Gerechtigkeit kämpfen.«

»Warte mal. Warum habt ihr eigentlich nichts gegen das Patriarchat getan?«, fragte Iris. Sie schaute von Sokrates zu Immanuel und Augustinus, dann zu Søren, Sigmund und Max. Sie schwiegen betreten.

»Unsere Augen waren blind«, antwortete Immanuel schließlich. »So geschieht Unrecht. Wir haben die Ungerechtigkeit für normal gehalten, der Natur der Dinge entsprechend. Nicht nur das Patriarchat. Wir waren sexistisch, rassistisch, homophob, transphob, wir haben Klassenunterschiede zugelassen und untermauert … Die Philosophie hat uns nicht davor bewahrt. Manche Vorurteile sitzen so tief, dass es der Arbeit von Generationen bedarf, um sie aufzudröseln.«

Sokrates ließ den Kopf hängen, und Augustinus murmelte: »Ich glaube, wir brauchen eine Pause. Jetzt können wir ja nicht einfach weitermachen.«

»Nein, meine Herren, wir müssen trotzdem weitermachen. Die Philosophie hilft letztlich doch! Dass du jedem einzelnen Menschen Würde zugesprochen hast, Immanuel, das ist zum Beispiel Rüstzeug für alle, die jetzt für Gerechtigkeit kämpfen«, widersprach Iris.

Simone stimmte ihr zu, schnappte sich die Wasserkaraffe und ging um den Tisch, um allen einzuschenken: »Wir müssen einfach auf der Hut sein, dass wir unsere eigenen Vorurteile nicht übersehen. Gar nicht so leicht, denn die sind ja oft unbewusst. Sich selbst auf die Schliche zu kommen, schaffen die wenigsten. Sogar wenn diese Vorurteile ganz klar inkonsistent mit den eigenen Theorien sind! Man muss einander also helfen.« Die beiden Frauen beharrten darauf, dass die Diskussion fortgesetzt werde, und so rissen sich alle zusammen.

Es gibt eine Reihe von psychologischen Experimenten, die belegen, dass neben ganz expliziten Vorurteilen sogenannte »implicit biases« – also unbewusste Vorurteile – gegen bestimmte, gesellschaftlich marginalisierte Gruppen weitverbreitet sind. Auch wenn man beispielsweise explizit der Überzeugung ist, dass Frauen genauso zu Wissenschaft befähigt sind wie Männer, kann man doch unbewusst anderer Meinung sein. Das Gefährliche an unbewussten Vorurteilen ist, dass sie das eigene Handeln mitbestimmen, ohne dass man es selbst bemerkt. Deshalb ist es wichtig, das Phänomen des »implicit bias« weiter zu erforschen, auch damit Lösungsstrategien entworfen werden können.

»Immanuel, Meister der Autonomie, was hältst du von Sokrates' Überlegungen?«, nahm Iris den Faden wieder auf.

Er kräuselte kurz die Stirn, während er sich konzentrierte und wieder aufs Thema besann: »Also … was das Wesen der Autonomie betrifft, stimme ich im Großen und Ganzen mit Sokrates überein. Eine autonome Person ist ihre eigene Gesetzgeberin, entscheidet selbst, was sie tut, und befolgt nicht einfach blind die Anweisungen eines Herrschers oder so. Das heißt aber nicht, dass sie so handelt, wie sie sich gerade lustig fühlt, oder willkürlich so oder anders entscheidet. Das wäre nämlich ein Sich-treiben-Lassen und daher ähnlich heteronom wie die Unterwerfung unter einen Herrscher. Sich selbst Gesetze geben heißt, sich durch nichts anderes leiten zu lassen als durch die eigene Einsicht in das, was man tun soll. Alle anderen Beweggründe sind uns letztlich fremd, kommen von außerhalb unserer selbst, sogar unsere Neigungen, die uns mal hier-, mal dorthin treiben. Das sind nicht *wir,* nicht unser bewusstes, denkendes Ich. Autonomie besteht dann nicht in einem nachträglichen Identifizieren mit oder Entscheiden für die eigenen inneren Zustände, wie Søren vorgeschlagen hat. Wenn ich ihn richtig verstanden habe?«

Søren sah ihn mit großen Augen an und blieb stumm, sodass Immanuel nichts anderes übrig blieb, als weiterzusprechen: »Diese Entscheidung müsste Resultat des nachdenkenden Ich sein und daher auf Einsicht beruhen – Sokrates hat recht, was Fehler betrifft. Aber die Einsicht, dass man sich für einen bestimmten inneren Zustand entscheiden sollte, ist natürlich nichts anderes als die Einsicht, dass dieser Zustand richtig ist. Mit anderen Worten: Das ist dann einfach die Einsicht in die Wahrheit der Überzeugung oder der Handlungsmaxime selbst.«

»Von Liebe hast du aber noch nichts gesagt, Immanuel«, erinnerte ihn Sokrates.

»Weil ich das schwierig finde.«

»Aber gleichzeitig willst du nichts lieber!«, rief Sigmund und erwischte Immanuel an einem wunden Punkt.

Er lächelte sein verlegenes Lächeln und sagte: »Ja, du hast wohl recht, Sigmund. *Früher* habe ich die exklusive, zwischenmenschliche Liebe zu den Neigungen gezählt, die von außen kommen und daher kein Beweggrund für autonomes Handeln sein können. Demnach kann man weder autonom lieben, noch fördert Liebe die Autonomie. Solange man sich nicht nach ihr richtet, schadet sie ihr zwar auch nicht. Aber sobald man sich ihr hingibt und aus Liebe handelt, ist man nicht mehr autonom.«

»Und jetzt denkst du anders?« Sokrates hob hoffnungsvoll die Augenbrauen.

»Jedenfalls lässt mich der Gedanke nicht los, dass du recht haben könntest und Liebe eigentlich keine Neigung ist, sondern selbst mit der Einsicht in das Gute zu tun hat. Aber ich kann diesen Gedanken noch nicht klar fassen …«

»Leute!«, meldete sich Max auf einmal. »Mir reicht es jetzt, ich will nicht mehr über Autonomie reden. Wir wollten doch über Glück sprechen!«

»Ja, aber angenommen, zum Glück gehöre sowohl Liebe als auch Autonomie und man könne nicht immer beides gleichzeitig haben, weil sie sich unter Umständen ausschließen – dann ist es doch wichtig zu eruieren, warum das so ist und was diese Umstände sind. In dieser Diskussion geht es deshalb immer noch um Glück«, erklärte Simone.

»Schön und gut, aber *warum* ist Liebe eigentlich so wesentlich für das menschliche Glück?«, insistierte Max. »So richtig sind wir darauf noch nicht eingegangen. Wir haben darüber gesprochen, dass Liebe zwar verletzlich macht, dass sie aber unter Umständen hilft, autonom zu werden. Sokrates meint gar, dass man mit ihrer Hilfe die Welt verstehen lernt. Kann man noch mehr dazu sagen, was so gut an der Liebe ist?«

»Hast du eine Idee, Max? Was brennt dir auf der Seele?«, fragte Augustinus.

»Was wäre denn, wenn es gerade die Verletzlichkeit ist, die mit Liebe einhergeht, die gut für Liebende ist? Augustinus, du hast eben gesagt, dass wir Gott lieben sollten, weil wir in dieser Liebe nie enttäuscht und verletzt werden können. Aber ich frage mich, ob Gott uns nicht gerade zumutet, dass wir verletzlich werden. Wenn Gott möchte, dass wir andere Menschen lieben, und wenn das nicht ohne Verletzlichkeit geht, dann könnte man jedenfalls auf diesen Gedanken kommen. Verletzlich zu sein ist ein Zustand, der unserem Leben auf Erden entspricht, ein authentischer Zustand, wenn man es in Simones Worten sagen will.«

Simone schien erstaunt, dass Max sich auf sie bezog. Der sprach weiter: »Denn hier auf Erden gehört uns nichts wirklich an. Alles entgleitet uns mit der Zeit, die voranschreitet und alles mitnimmt.«

Simone fiel ein: »Die Aufgabe wäre dann, zu lernen, den Anderen gehen zu lassen.«

»Ja, aber noch mehr: Es bedeutet auch zu spüren, was das *heißt*, dass er geht. Den Schmerz zu spüren. Das bedeutet zu verstehen, dass er unersetzlich ist, dass es diese Art von Wert gibt. Diese Erkenntnis rettet uns aus der Melancholie, macht alles schön. Liebende fragen sich nicht, was der Sinn ihres Lebens ist. Vielleicht theoretisch, aber nicht existenziell. Die Not dieser Frage verpufft, wenn man verliebt ist oder ein Kind im Arm hat. Die Antwort liegt so klar auf der Hand: diese Schönheit zu sehen.«

»Ohne verletzlich zu sein, würde man sie nicht sehen … da ist etwas dran.« Simone war nachdenklich. »Verletzlichkeit hat also zwei Seiten: Sie ist einerseits notwendig für diese Einsicht in die Besonderheit und Unersetzbarkeit des Anderen, und damit auch notwendig für das eigentümliche Glück, das mit dieser Einsicht einhergeht. Und andererseits macht sie Angst und verleitet uns zum Festhalten am Anderen, zum Beispiel indem man sich in einem problematischen Sinne mit ihm identifiziert, wie wir das eben besprochen haben.«

»Mir scheint jedenfalls, dass die Nähe dieser Schönheit die Schmerzen und Gefahren wert ist. Sokrates hat recht: Ohne Liebe wäre alles viel schlimmer«, endete Max.

Bettina M. Pause mit Shirley Seul
Alles Geruchssache

Der Geruchscode

Ohne Ihre Nase könnten Sie dieses Buch nicht lesen. Ohne Gerüche könnten wir Menschen nicht fühlen, uns nicht erinnern oder sprechen. Wir wären maximal auf einem Entwicklungsstand wie Schwämme, Würmer, Insekten und Quallen.

Unser Alltag ist von Gerüchen geprägt, jedoch nehmen wir nur den geringsten Teil davon bewusst wahr. Deshalb merken wir nicht, dass wir sozusagen an der Nase herumgeführt werden. Wir halten uns für vernünftig, weitsichtig, logisch, und wenn wir Entscheidungen fällen, glauben wir, wir hätten sie gewissenhaft durchdacht. In Wahrheit haben wir Menschen geheiratet, eingestellt, vertraut, die wir gut riechen können, und Argumente »erfunden«, die unserer Nase schmecken. Unser Geruchssinn erkennt nämlich nicht nur Erdbeeren und Gülle, sondern auch Liebe und Angst. Jeder Mensch sendet ununterbrochen Duft aus, der von anderen aufgenommen wird, die darauf reagieren – so wie wir selbst auf die chemischen Botschaften unserer Mitmenschen reagieren. Wir sind, was wir riechen! In diese faszinierende neue Welt möchte ich Sie einladen. Bis vor Kurzem glaubte man, Menschen seien »Augentiere«. Doch wir gehören eher zu den Nasentieren; der Geruchssinn steht über dem Sehsinn, das haben viele Studien zweifelsfrei gezeigt. Die Art und Weise, wie wir riechen, hat sogar maßgeblich Einfluss darauf, ob wir glücklich leben, gesund sind, harmonische Beziehungen und Freundschaften pflegen. Und wie intelligent wir sind.

Aber nutzen wir diese Möglichkeiten? Was wissen wir über unser Riechvermögen? Oder glauben wir, die Beschäftigung damit zieme sich nicht für uns – als Gipfel der Evolution? Wir sind ja schließlich keine Tiere, die in einer Geruchswelt leben;

wir sind, auch wenn wir biologisch zu den Säugetieren zählen, höher entwickelte Menschen, die nicht auf niedere Instinkte angewiesen sind. Halt! Das ist nicht nur ein gefährlicher, sondern auch ein Lebensqualität schmälernder Irrtum. Außerdem basiert er auf falschen Fakten:

Weltweit werden seit einigen Jahren Studien veröffentlicht, die uns verblüffen, weil sie alles über den Haufen werfen, woran wir seit Jahrtausenden glaubten, zum Beispiel auch, dass Tiere uns beim Geruchssinn überlegen seien. Nein, das sind sie nicht. Menschen können besser riechen als fast alle Tiere, höchstwahrscheinlich sogar besser als Hunde.

Womöglich wüssten wir heute mehr über das Riechen, wenn wir nicht so zwanghaft versucht hätten, uns als »Krone der Schöpfung« von den Tieren abzugrenzen. Viele Gerüche haben wir in den Pfui-Bereich der unfeinen, nicht deodorierten Körperlichkeit verbannt. Sie soll in unserer zivilisierten Gesellschaft lieber nicht ruchbar werden. Doch die neuesten Forschungen beweisen, dass wir Menschen uns in jeder Sekunde unseres Lebens durch unsere geruchliche Wahrnehmung leiten lassen, auch wenn es unbewusst geschieht. Bewusst ist uns genau genommen nur die Nasenspitze des Eisbergs. Unser Riechorgan steuert unsere soziale Kommunikation.

Auf der Fährte zu den Wundern der Geruchswelt werden Sie viel Neues erfahren und häufig staunen. Bestimmt werden Sie hin und wieder innerlich nicken, weil Sie es irgendwie schon immer gewusst haben: Die Chemie muss stimmen. Auch wenn wir sie nicht sehen und nicht bewusst riechen können. Der Mensch besteht nicht aus Natur, wie man landläufig denkt, sondern aus Chemie – der Natur in Urform.

Leider hat die Entdeckung, wie wichtig der Geruch für uns ist, zu einigen Fake News geführt, die sich in der Presse hartnäckig halten. Vorneweg: Es ist nicht richtig, dass wir uns in naher Zukunft mit Sexuallockstoffen einsprühen werden, die bereits ins Deodorant eingefügt sind, um attraktive Partner zu finden. Aber wir können trotzdem etwas tun, um auf andere

Menschen anziehend zu wirken. Ja, wir brauchen nicht mal ein Spray dafür, wir können selbst Gerüche aussenden, die andere Menschen anziehen.

Seit dreißig Jahren bin ich Geruchsforscherin. Seinerzeit bin ich mit der Hypothese angetreten, dass die Nase der bessere Verstand sei, wofür ich anfangs nicht nur Unverständnis, sondern auch Spott erntete. Oft wurden meine Forschungen nicht ernst genommen. Doch als sich Ergebnisse häuften, die meine Hypothesen stützten, schlug mancher Hohn in Skepsis um und schließlich in Staunen. Da scheint ja wirklich etwas dran zu sein! Mittlerweile gelte ich weltweit als das führende Nasentier in der Biologischen und Sozialpsychologie. Seit 2005 leite ich das Institut für Biologische und Sozialpsychologie an der Heinrich-Heine-Universität in Düsseldorf. Die Biologische Psychologie erforscht, inwiefern biologische Prozesse mit Erleben und Verhalten einhergehen. Das messen wir über die Gehirnströme, die Herzfrequenz, Muskelaktivität und Hautleitfähigkeit. Die Sozialpsychologie untersucht, wie das Erleben und Verhalten durch die Gegenwart anderer Menschen beeinflusst wird, unabhängig davon, ob diese anderen Menschen real anwesend sind oder nur in der Vorstellung existieren.

Meine Professur ist einzigartig in dieser Kombination in Deutschland, was nicht verwundert, da sich die Biologische Psychologie und die Sozialpsychologie häufig nicht besonders gut riechen können. Mit meinem Team erforsche ich biosoziale Prozesse, die über den Geruchssinn ablaufen.

Mit der Entdeckung, dass Angst ansteckend ist, wurde ich auch einem breiteren Publikum als führende Forscherin im Bereich Psychologie des Geruchs bekannt. Leider sitzt die Nase noch immer in einer Nische, doch die meisten Menschen, denen ich erzähle, was ich erforsche, haben sofort eine Vorstellung davon. Weil wir es doch alle irgendwie spüren – und unsere guten alten Sprichwörter, die immer recht haben, sagen es auch: »Den kann ich nicht riechen.« Ja, irgendwo im Bauch wissen wir, dass die Nase ein gewichtiges Wörtchen mitzureden hat.

Auf den folgenden Seiten werde ich davon berichten, wie sie unser Leben gestaltet und prägt – mehr als jeder andere unserer Sinne. Der Geruchssinn führt sogar zum Lebenssinn. Liegt es da nicht nahe, ihn zu manipulieren? Gerade bei Düften scheinen wir Menschen leicht verführbar zu sein. Es wäre doch verlockend, Duftmoleküle so zu verändern, dass man lediglich die gewünschten Gerüche aussendet und keine unkontrollierten Informationen über sich selbst preisgibt. Man schminkt nicht nur das Gesicht, sondern auch den Eigengeruch? Lifting gegen Traurigkeitsmoleküle? Versagensängste werden abgesaugt wie Fett? Für mich ist das eine gruselige Vorstellung, auch wenn sich derjenige, der den Code des Geruchs knackte, eine goldene Nase verdienen würde. Beim Stand der Forschung kann ich mir einen solchen »Durchbruch« in naher Zukunft allerdings nicht vorstellen.

Ich selbst interessiere mich übrigens nicht für die Vermehrung von Geld, weil ich schon lange fühle und mittlerweile aus vielen Studien weiß, dass Geld nicht glücklich macht. Mein Interesse gilt vielmehr dem Versuch, menschliches Leid zu reduzieren und Glück zu erkennen und zugänglich zu machen. Wenn wir uns bewusst wären, über welche geruchlichen Kapazitäten wir verfügen, würden wir zu einem neuen Verständnis von Intelligenz und Glück gelangen. Die Wissenschaft hat eindeutig nachgewiesen, dass die Währung für das Glück sich in Molekülen statt Moneten bemisst. Doch in unserer bewussten Wahrnehmung ist Riechen ein »weißer Fleck«, wenngleich wir unsere Umwelt und alle unsere menschlichen Begegnungen maßgeblich auf unser Geruchsempfinden abstimmen. Aber wir haben keinen bewussten Zugang dazu. Wir sagen nicht: Mit diesem Menschen möchte ich nichts zu tun haben, weil er nach Angst riecht. Sondern: Der war mir unsympathisch, weil er überheblich ist/schlecht über andere gesprochen hat/eine bestimmte Partei wählt/pausenlos kichert.

Wir missbrauchen den Verstand, um Erklärungen für etwas

zu finden, wofür wir keine Worte haben. Oder vielleicht hätten wir Worte, aber die sagt man nicht. Man kann ja wohl schlecht gefühlsmäßig argumentieren.

Kann man nicht? Warum eigentlich nicht? Zumal unsere vernünftigen Gründe häufig nur vorgeschoben sind, um zu verschleiern, dass wir eigentlich keine Ahnung haben, schon gar nicht davon, wie wir zu unseren Einschätzungen und Überzeugungen und auch Entscheidungen gelangen. Menschen handeln nicht rational und unabhängig von ihrer Subjektivität. Mensch sein und rational sein ist ein Widerspruch in sich – ebenso wie die absurde Vorstellung, man könne ausschließlich vernünftig argumentieren. Wo entspränge eine solche Vernunft, wenn wir die Informationen zur Entscheidungsfindung nicht mit unseren Sinnen sammeln würden? Schon Epikur im alten Griechenland ahnte, dass ohne Sinneserfahrung keine Erkenntnis möglich ist, und viele mittelalterliche Vorstellungen von der Welt konnten durch die Wiederentdeckung der Sinne als Erkenntnisquelle im Humanismus des 16. Jahrhunderts verworfen werden. Wie vernünftig kann eine Vernunft sein, wenn sie den Körper übersieht, überriecht, überhört … der ihr doch alle Eindrücke vermittelt, über die sich der Mensch Gedanken machen kann, die zu einer ausgewogenen und klugen Entscheidung nötig sind. Es sind nicht die Vernunft oder die Intelligenz, die den Menschen zum Menschen machen, sondern das Bauchgefühl, und das beginnt in der Nase. Wir täten gut daran, ihm zu folgen. Die Nase meint es immer ehrlich mit uns. Wenn wir alle mehr riechen als denken würden, wären wir ziemlich sicher glücklicher. Auch die Welt insgesamt wäre vermutlich in einem besseren Zustand. Also: immer der Nase nach!

Türsteher zum Glück

Nach einem herrlichen Wandertag an der Mosel hatte Sandra ihren Liebeskummer wieder ein Stück mehr abgelaufen. So gut wie heute war es ihr lange nicht gegangen. Hungrig betrat sie das Restaurant, das ihr empfohlen worden war. Sie fühlte sich sofort wohl, und wenn sie gefragt worden wäre, hätte sie wahrscheinlich geantwortet, dass ihr die Einrichtung gefalle. Doch das war nur die Oberfläche. Weiter unten, dort, wo es ans Eingemachte geht, hatte sie wahrgenommen, dass die Gerüche zur Umgebung passten. Es roch nach Essen und Wärme. Hätte es nach Schusterleim gerochen, wäre sie irritiert gewesen und hätte sich nicht so wohlgefühlt. Wir reagieren sofort, wenn wir einen Störgeruch in die Nase bekommen, wenn ein Geruch nicht zur Umgebung passt – ein Alarmsignal. Sandras gute Laune bekam einen kleinen Dämpfer, als sie von einem Kellner erfuhr, dass alle Tische reserviert oder eben besetzt waren. Aber vielleicht wolle sie bei dem Herrn dort drüben Platz nehmen?

Sandras Tischnachbar war etwas jünger als sie. Seine Gesellschaft war ihr recht. Nicht weil sie ihn sympathisch fand, das war bereits das Resultat dessen, dass sie unbewusst gerochen hatte, dass er gesund und in einem ausgeglichenen emotionalen Zustand war. Jürgen vermittelte ihr auf chemischem Wege gute Gefühle, weil er selbst sich in diesem Augenblick wohlfühlte. Was wir fühlen, findet seine Entsprechung in der chemischen Zusammensetzung des Dufts, den wir verströmen. Wir riechen ihn nicht bewusst, andere Menschen riechen ihn nicht bewusst, und dennoch bestimmt er maßgeblich unser Verhalten und die Reaktionen der Umwelt, die wiederum unser Verhalten beeinflussen und so weiter. Sandra war zwar zuerst ein klein wenig unsicher, doch die gute Stimmung des Mannes übertrug sich über die Nase auf sie. Es bestand eine hohe Wahrscheinlichkeit, dass sie sich mit ihrem Tischherrn gut unterhalten würde. Und genau so war es. Beide begegneten sich freundlich und neugierig, sie fanden Gemeinsamkeiten – nicht weil sie auf Anhieb vorhanden waren, sondern weil sie danach suchten. Was im Übrigen auch die hohe Zahl statistisch möglicher Partner erklärt. Es kommt darauf an, ob wir uns für einen anderen Menschen öffnen – und als Türsteher fungiert hier die Nase.

Drei Jahre später bei ihrer Hochzeit beschworen Sandra und Jürgen, dass ihre Begegnung Schicksal gewesen sei. Sie fanden auch viele Gründe dafür. Wo Jürgen doch normalerweise später aß. Wo Sandra doch beinahe schon am Vortag abgereist wäre. Und so weiter. Jedes Paar erzählt seine romantische Geschichte. Doch diese Geschichten, diese Schicksale beginnen wie die meisten in der Nase. In dem Augenblick, als die beiden sich trafen, waren sie in einer bestimmten chemischen Verfassung, die eine spätere Heirat ermöglichte.

Es hätte auch anders kommen können: Jürgen war gestresst. Das Meeting bei seinem Kunden in Traben-Trarbach war katastrophal verlaufen. Kein Wunder, er war zu spät gekommen, zwei Stunden im Stau gestanden. Sein Chef würde ausflippen, hatte die Firma in diesem Monat doch schon zwei Kunden verloren. Jürgen grauste vor Montagmorgen. Allein wenn er daran dachte, wurde ihm flau. Er hatte sogar ein bisschen Angst vor dem Gespräch, von dem seine berufliche Zukunft in der Firma abhing, und diese Angst verströmte er chemisch. Sie übertrug sich auf Sandra, die sich vom ersten Moment unwohl an seinem Tisch fühlte. Außer »Guten Appetit« wechselten die beiden kaum ein Wort, sie kamen gar nicht so weit, zu entdecken, dass sie viele Gemeinsamkeiten hatten: dass ihre Eltern nur vier Kilometer voneinander entfernt lebten, sie beide eine Katze hatten und in der Pubertät auf denselben Michael-Jackson-Konzerten gewesen waren. Auf dem Weg in ihre Unterkunft telefonierte Sandra mit ihrer besten Freundin und berichtete von dem »Stoffel«, mit dem sie am Tisch hatte sitzen müssen und der ihr den Abend verdorben hatte – eine weitere Gemeinsamkeit mit Jürgen, der einem Kollegen von der »Zicke« im Restaurant berichtete.

Gleiche Frau, gleicher Mann, gleicher Ort, gleiche Speisekarte, andere chemische Signale – und die Hochzeit fällt aus.

Wenn wir einen Menschen mögen, suchen wir nach Gründen dafür. Abgesehen von Kleinigkeiten, an denen wir dies festmachen, zählen unter anderem auch Werte, politische Überzeugungen, Charaktereigenschaften, emotionale Verfassung, Erfahrungen und: die großen Zusammenhänge, Astrologie,

Karma. Ich möchte mich hier keineswegs in Konkurrenz zu Grenzwissenschaften und Glaubensfragen begeben, doch aufgrund meiner Forschungen wage ich die Hypothese, dass das Sternbild der Nase unseren Horizont gravierend verändern würde, wenn wir es zu deuten wüssten.

Wer riecht, hat mehr vom Leben

Die Fährte des Geruchs führt zu einem vernünftigen Ziel: einem erfüllten Leben und Glück. Betrachtet man die Titel von Ratgebern, scheinen wir ein Volk von Glückssuchern zu sein – in einem Land, in dem Milch und Honig fließen. Doch immer mehr Menschen verlieren die Spur. Weil sie Geld nicht riechen können? Nein, weil sie vereinsamen, eine traurige Alltäglichkeit in unserer modernen Welt. Erst ein Land hat darauf adäquat reagiert: Seit 2018 gibt es in England ein Ministerium für Einsamkeit. Was vielen zuerst wie ein Scherz vorkommen mochte, ist leider bittere Realität. Auch zwischen zehn und fünfzehn Prozent der Deutschen leiden zeitweise unter Einsamkeit. Bei den über Fünfundachtzigjährigen sind es zwanzig Prozent. Dreißig Prozent der Deutschen verspüren zumindest manchmal Einsamkeit. In einer Stellungnahme der Bundesregierung aus dem Jahr 2019 zu »Einsamkeit und deren Auswirkung auf die öffentliche Gesundheit« zeigt sich außerdem, dass Einsamkeit in Deutschland zunimmt. Es sieht so aus, als entwickelten sich die geburtenstarken Jahrgänge im Alter zu einer sehr einsamen Generation – der Preis für ihre individualistische Lebensgestaltung? Der aktuelle Koalitionsvertrag verspricht, der »Einsamkeit in allen Altersgruppen vorzubeugen« und »die Vereinsamung zu bekämpfen« – mutmaßlich nicht aus Nächstenliebe, sondern um die hohen Kosten zu minimieren, die Einsamkeitsschäden hervorrufen. Wer einsam ist, ist auch unglücklich.

Aber wer ist maßgeblich beteiligt an der Einsamkeit? Es ist wieder mal die Nase! Fasst man die aktuelle Forschungslage zusammen, so deutet alles darauf hin, dass sozial eingebundene

Menschen soziale chemische Informationen effektiver nutzen als einsame Menschen. Und chemische Informationen tauschen wir nicht über Gespräche oder Gesten aus – wir nehmen sie über die Nase wahr. Deshalb ist die Nase das Kontaktorgan Nummer eins. Der Mensch ist ein soziales Tier, das am besten in einem Rudel, seiner Gruppe, überlebensfähig ist. Was den Menschen wirklich beutelt, so wie Liebeskummer, Trauer, Heimweh, trägt die dunkle Farbe der Einsamkeit. Früher dachte man, sie sei eine Folge von Armut und Krankheit. Heute weiß man, dass sie Armut und Krankheit auslösen kann. Es gibt viele Ansätze, die Einsamkeit zu lindern. Einen tragen wir im Gesicht. Mithilfe unserer Nase können wir Einsamkeit überwinden – und tatsächlich glücklich werden.

Weltweit interessieren sich Wissenschaftler für die faszinierenden Zusammenhänge zwischen Riechen, Denken und Fühlen, und so hat sich ein spannender Austausch entwickelt. Durch die bildgebenden Verfahren können wir heute sehr genau sehen, wie und wo verschiedene Gerüche im Gehirn verarbeitet werden. Wir haben festgestellt, dass bei psychischen Störungen auch die chemische Übertragung von Emotionen beeinträchtigt ist und dass Frauen- und Männergehirne unterschiedlich auf Gerüche reagieren. Denken wir diese Studien zu Ende, dann können wir eines Tages hoffentlich verstehen, wie Menschen fühlen und wie es zu Störungen von Gefühlen und Emotionen kommt, wie wir miteinander kommunizieren und welche Grundlagen für Störungen in der Kommunikation verantwortlich sind. Wenn wir das wissen, können wir diese Störungen therapieren und den Patienten wieder mehr Lebensqualität verschaffen. Dieser neue Ansatz würde die Behandlung von jenen psychischen Störungen revolutionieren, die mit einer veränderten Geruchswahrnehmung und einem veränderten Sozialverhalten einhergehen.

Es ist der traditionelle Weg in der Psychologie, beim Leid beginnend das Glück zu suchen. Leid ist wissenschaftlich auch besser fassbar als Glück, weshalb in der Psychologie meist Angst und Trauer, selten Glück und Freude untersucht werden. Aber wer weiß, vielleicht stellt die Geruchsforschung diese Reihenfolge eines Tages auf den Kopf, und wir können Empfehlungen aussprechen, die großes Leid erst gar nicht entstehen lassen. Das könnte gelingen, wenn wir die chemische Kommunikation von Menschen, deren Lebenszufriedenheit hoch ist, verstanden haben. Was fühlen sie – im Unterschied zu anderen – und vor allem: Was riechen sie?

Das Glück hat mich schon als Kind interessiert. Woran lag es, dass ich an einem Tag so überglücklich war und am anderen bloß normal gestimmt oder traurig? Oder dass innerhalb einer Stunde meine Stimmung wechselte, obwohl sich doch außenrum wenig verändert hatte? Die Erwachsenen waren mir diesbezüglich keine große Hilfe. »Das ist eben so«, hörte ich. Oder Binsenweisheiten und gute Ratschläge wie: »Das Glück liegt in einem selbst.« Da ich neugierig bin und schon als Kind gern beobachtete und nachdachte, fiel mir auf, dass alle glücklich sein wollten, es aber oft nicht klappte. Und dass die Sprichwörter vielleicht doch nicht stimmten, denn häufig hörte ich Dinge wie: »Wenn ich im Lotto gewinnen würde, wäre ich glücklich.« Es hieß aber doch auch, Geld mache eben *nicht* glücklich!

Dass das so ist, wurde mittlerweile in vielen Studien nachgewiesen. Menschen, die überraschend zu sehr viel Geld gekommen sind, werden nicht automatisch glücklich. Tatsächlich passiert eher das Gegenteil. Bei dem Versuch, Besitz zu schützen und zu vermehren, entstehen Ängste und Sorgen, den Besitz zu verlieren. Aus glücklichen Menschen werden Materialisten, die mit der Zeit den Wert von Freundschaft vergessen und sorgenvoll in die Zukunft blicken. Nach kurzer Zeit befinden sich überraschend reich gewordene Menschen auf dem gleichen Glücksniveau wie zuvor. Auch ein im Großen und Ganzen glücklicher Mensch, der nach einem Unfall auf den Rollstuhl angewiesen ist, kann nach einer Weile wieder im Großen und Ganzen glücklich sein.

Als junge Frau lernte ich den größten Glücksgaranten kennen … verliebt sein, natürlich »glücklich« verliebt. Aber musste man mit Liebeskummer tatsächlich zu Tode betrübt sein? Was war das überhaupt genau, Glück? Und warum währte es meistens viel kürzer als das Leid? Gab es eine Möglichkeit, Leid in Nuancen zu minimieren und Glück zu maximieren? Das wollte ich gern erforschen, ohne das Leid zu leugnen. Dass ich dazu immer nur der Nase zu folgen brauchte, nein, das hätte ich selbst in meinen kühnsten Kindheitsträumen nicht für möglich gehalten.

Menschen, die in gutem Kontakt mit anderen Menschen stehen, die Freunde und Bekannte haben, mit denen sie gemeinsam lachen, auf die sie sich in Notzeiten verlassen können, die sie auch mal in den Arm nehmen, haben ideal in ihre Lebenszufriedenheit investiert. Wir wissen aus der Glücksforschung, dass erfüllende menschliche Beziehungen langfristig die wichtigste Bedingung für ein gelungenes Leben sind. Dies natürlich unter der Voraussetzung, dass man in gesicherten Verhältnissen lebt, also genug zu essen und ein Dach über dem Kopf, sprich keine existenziellen Sorgen hat. Diese Defizite schließen einsame Menschen in der Beschreibung ihres Zustandes oft selbst aus: Ich hab eigentlich alles. Es müsste mir gut gehen. Doch ich bin todunglücklich.

Ja, weil etwas fehlt, worauf Menschen essenziell angewiesen sind. Bei Tieren sind wir mittlerweile so weit, dass wir darauf achten, zum Beispiel Vögel und Meerschweinchen nicht allein zu halten. Wir sorgen dafür, dass unsere Einzelhunde Kontakt zu Artgenossen haben, weil wir wissen, dass sie Rudeltiere sind. Bei uns selbst vergessen wir das manchmal und setzen stattdessen aufs falsche Pferd wie Besitz. Unzählige Untersuchungen haben aber gezeigt, dass zu viel Geld eher unglücklich macht. Wer genug finanzielle Mittel für ein schönes Leben hat, aber eben nicht so viel, dass er dauernd darüber nachdenken muss, wie er sie am besten verwaltet, dem winkt das Glück am ehesten.

Geld ist ein sogenannter *extrinsischer,* also äußerlicher Verstärker, es unterliegt Bedingungen, die wir selbst nicht kontrollieren können. Ein Vorgesetzter kann über unser Gehalt bestimmen, die Familie kann uns enterben, ein Auftraggeber bezahlt nach den von ihm definierten Leistungskriterien nur die Hälfte des Honorars, oder der Zufall spielt uns Geld zu. Auf Geld zu setzen, um glücklich zu werden, bedeutet, sich abhängig zu machen von Umständen, die man oft nicht beeinflussen kann. Wieder scheint das alte Sprichwort recht zu haben: »Jeder ist seines Glückes Schmied.« In der Tat, wenn wir selbst das Gefühl haben, unser Glück gestalten zu können, sind wir unabhängig. Unsere Ziele sind dann in der Regel auch nicht materiell, wir möchten zufrieden sein, ausgeglichen, Zeit mit lieben Menschen verbringen, kurz, wir streben danach, unser Selbst oder unser Ich zu erweitern. Unsere Motivation ist *intrinsisch,* innerlich. Wir leben nach dem Motto: Der Weg ist das Ziel. Es ist also nicht wichtig, wie viele Freunde wir haben, sondern dass wir uns im Zusammensein mit ihnen wohlfühlen und Spaß haben. Es ist nicht entscheidend, Preise zu gewinnen oder Punkte zu sammeln, sondern die Dinge zu genießen um ihrer selbst willen. Zum Beispiel wenn wir Sport treiben, mit unserem Haustier kuscheln oder ein Instrument spielen. Die Handlung macht uns glücklich, nicht deren Effekte. Es erfüllt uns mit Freude, unsere besten Freunde zu beschenken, sie zufrieden zu sehen. In guten Beziehungen geht es nicht darum, dass wir etwas zurückbekommen. Wir reisen, weil wir Erfahrungen sammeln möchten, Inspirationen, nicht, um hinterher den Nachbarn erzählen zu können, wie teuer der Urlaub war, das wäre eine *extrinsische* Motivation. Wer glücklich leben will, fährt langfristig mit einem *intrinsischen* Wertesystem besser. Kapitalistische Gesellschaften bauen darauf, dass die Einzelnen möglichst viel und schnell kaufen und konsumieren. Jede Werbung zielt darauf ab, uns vorzutäuschen, dass der Kauf des entsprechenden Produkts uns glücklicher machen werde. Welch ein Irrtum! Die glücklichsten Menschen leben nicht in reichen kapitalistischen Ländern, sondern in Ländern, die soziale Sicherheit bieten und in denen gegenseitiger Respekt großgeschrieben wird. Der Reichtum eines Landes kann am Bruttoinlandsprodukt pro Kopf gemessen werden. Weltweit gesehen gehören dementsprechend Länder wie Katar, Kuwait und die USA zu den zehn reichsten Ländern. Die glücklichsten Menschen leben jedoch in Staaten wie Finnland, Dänemark und Kanada, in denen alle Einwohner gleichen Zugang zu Gesundheits- und Ausbildungssystemen haben und bei Arbeitslosigkeit und im Alter finanziell durch den Staat abgesichert sind. Diese Daten werden jährlich von den Vereinten Nationen als »World Happiness Report« herausgegeben.

Die Freude an vielen Anschaffungen währt meist nur kurz. Nach einem Höhenflug wird die Neuerwerbung schnell uninteressant, und am dritten Tag löst das herbeigesehnte Handy schon keine Glücksgefühle mehr aus. In der Psychologie nennen wir dieses Phänomen »hedonische Adaptation« an Besitzgüter. Dagegen flutet uns die Erinnerung an einen lustigen Nachmittag mit der besten Freundin auch nach drei, vier Wochen mit warmen Gefühlen. Der Kegelabend in Kreis einiger Kollegen, die wir gut riechen können, strahlt ab auf die folgenden Tage. Gemeinsame Erlebnisse mit lieben Menschen können jahrelang nachglühen. So sieht die Kohle für unser Glück aus! Freundschaften und zwischenmenschliche Nähe sind die wichtigsten Garanten für Glück und Gesundheit.

Doch Freundschaften entstehen nicht einfach so hopplahopp. Sie erfordern Zeit und manchmal Mühe, man muss auch mal über den eigenen Schatten springen, tolerant sein, in Krisenzeiten sein eigenes Verhalten immer wieder kritisch hinterfragen, Vertrauensvorschuss gewähren. Offenbar gibt es Menschen, die begabter für Freundschaften sind als andere, Menschen, die sich geschmeidiger bewegen im sozialen Getümmel. Wir haben herausgefunden, dass diese Begabung ihren Beginn in der Nase nimmt. Gesellige Menschen sind sensitiver, sie riechen mehr als andere, die eher allein bleiben oder einsam sind. In einer 2016 veröffentlichten Studie aus China konnte nachgewiesen werden, dass Menschen mit einem größeren sozialen Netzwerk, also mehr Freunden und Bekannten, Gerüche in schwächeren Konzentrationen erkennen können als Menschen mit einem kleineren sozialen Netzwerk. Bei den geselligen Super-Riechern war außerdem die Verbindung des emotionalen Gehirns (Amygdala, altgriechisch für »Mandelkern«) zum sozialen Gehirn (mittleres Vorderhirn) besonders gut ausgeprägt. Beide Gehirnbereiche sind Teil des Geruchsgehirns.

Kurz darauf wurde eine zweite Studie veröffentlicht, in der dreitausend ältere US-Amerikaner auf ihre sozialen Beziehungen und ihre Fähigkeit, Gerüche zu benennen, untersucht wurden. Es zeigte sich abermals, dass diejenigen, die mehr Freunde hatten, auch Gerüche besser erkennen konnten.

Wir wissen also erst seit kürzester Zeit, dass Riechen und soziale Eingebundenheit aufs Engste zusammenhängen. Menschen, die die Fähigkeit haben, ihre geruchliche Umwelt sehr fein zu erkennen – und dazu gehören natürlich auch menschliche Gerüche –, sind sozial eingebundener und pflegen mehr Freundschaften.

Und wenn keine Menschen mehr da sind? Wenn das Angebot im Laufe der Jahrzehnte ausgedünnt ist? Vielleicht sind die Freunde und Bekannten gestorben, oder es gab nie viele … Auch ein Tier, ob Kanarienvogel, Katze, Goldfisch, Hund, kann das dringende und tiefe Bedürfnis eines Menschen nach Gebundenheit ersetzen. Aber wenn Tiere im Altenheim verboten sind? Dann verstärkt sich die Einsamkeit der Bewohner und damit auch ihr Erkrankungsrisiko. Fantasiebegabte Menschen schaffen sich vielleicht einen Ersatz. Sie »beseelen« einen Gegenstand, personifizieren Dinge. Selbst ein Teddybär kann zum Gesprächspartner werden. Unter Umständen könnte auch die Beschäftigung mit geistigen Welten, die Beziehung zu Gott ein Lückenfüller sein und die Angst vor der Einsamkeit lindern, indem man eine persönliche Beziehung zu etwas Höherem aufbaut. Wie riecht Gott? Aus der aktuellen Forschung wissen wir, dass wir nur mit solchen Menschen Gefühle von Nähe, Sicherheit, Geborgenheit entwickeln können, in deren Geruch wir uns wohlfühlen. Gott und der Teddybär sind keine Menschen, deshalb können sie die Einsamkeit auch nicht vollständig lindern. Einige Wissenschaftler sind zurzeit dabei, Roboter für Pflegeheime zu entwickeln, die für soziale Wärme sorgen sollen. Die Roboter werden vielleicht etwas Abwechslung in den Alltag bringen; da sie jedoch keine chemischen Gefühle vermitteln können, werden sie unser Bedürfnis nach Wärme und Geborgenheit niemals wirklich befriedigen.

Freunde riechen besser

In der Einsamkeit empfindet sich ein Mensch als abgeschnitten, total isoliert. Es existiert keine Verbundenheit mehr. Der Wunsch nach Zusammensein mit anderen ist nicht erfüllbar, aus welchen Gründen auch immer. Einsamkeit ist nicht zu verwechseln mit Alleinsein, das auf einer eigenen Entscheidung beruht. *Ich möchte jetzt eine Weile allein sein. Ich habe Sehnsucht danach, mal ein bisschen für mich zu sein.* Einsamkeit stößt einem zu wie ein Unglück, Einsamkeit ist die Abwesenheit der Voraussetzungen für Glück und darüber hinaus in der westlichen Welt die Todesursache Nummer eins. Sie ist der Ausgangspunkt vieler schwerer Erkrankungen und erhöht das Sterblichkeitsrisiko deutlicher als Übergewicht, Drogenabhängigkeit, als Alkohol und Nikotin und mangelnde Bewegung. Einsamkeit ist zwar keine Krankheit, doch in ihrer Folge entstehen viele mit häufig tödlichem Ausgang. Darüber hinaus ist Einsamkeit die Voraussetzung für die Entwicklung fast aller psychischen Störungen wie Depression, Angsterkrankungen, Abhängigkeit von Alkohol, Drogen oder Medikamenten bis hin zur Schizophrenie, und sie verstärkt die Alzheimer-Demenz.

Sie werden sich jetzt vielleicht fragen, wie es denn sein kann, dass Einsamkeit tödlicher ist als Rauchen. Nun, für uns Menschen als soziale Wesen mit einem sozialen Gehirn ist Einsamkeit der größtmögliche Stressfaktor. Sie wird im Gehirn wahrgenommen wie körperlicher Schmerz. Die Untersuchungen hierzu nutzen zwei sehr unterschiedliche Methoden: Zum einen gibt es mittlerweile sehr große Datenbanken über den gesundheitlichen Zustand von z. B. älteren Menschen. Sie geben unter anderem an, ob sie sich eher alleine und einsam fühlen oder ob sie zu Freunden und Verwandten vertrauensvollen Kontakt haben. In der Folge werden sie über viele Jahre beobachtet, ihr psychischer und körperlicher Zustand wird erfasst. Aufgrund solcher Studien, in denen mittlerweile ca. 3,5 Millionen Teilnehmer regelmäßig befragt wurden, wissen wir auch, dass Einsamkeit genauso, wenn nicht sogar tödlicher ist als Rauchen.

Eine ganz andere Art von Studien lässt die Teilnehmer nur für kurze Zeit Einsamkeit erleben und untersucht während dieser Zeit die Veränderung in der Wahrnehmung, im Erleben und Verhalten. Die Teilnehmer sollen dann z. B. mit zwei anderen Teilnehmern Handball spielen. In Wirklichkeit sind diese beiden anderen jedoch Mitarbeiter des Forschungsteams. Der Ball wird eine Weile hin und her geworfen, bis der einzige »echte« Teilnehmer den Ball nicht mehr bekommt und die beiden vorgetäuschten Teilnehmer mehr oder weniger alleine spielen. Der echte Teilnehmer reagiert auf diesen sozialen Ausschluss mit Einsamkeitsgefühlen. Sein Gehirn verhält sich bei diesem Ausschluss genau so, als würde ihm Schmerz zugefügt. In der Wissenschaft gibt es viele solcher Experimente, in denen vorübergehend Einsamkeit suggeriert wird. Die Teilnehmer verändern dabei ihre Physiologie, sie fühlen sich gestresst, können sich schlechter konzentrieren, sie nehmen an sich selbst und anderen eher negative Dinge wahr, fühlen sich hilflos und können ihre Gefühle schlechter kontrollieren.

Andauernde Einsamkeit wirkt wie andauernder Stress auf das Herz-Kreislauf-System, auf den Magen-Darm-Trakt, auf unser Abwehrsystem. So entwickeln sich Erkrankungen wie Bluthochdruck, Magengeschwüre und Krebs. Verstärkend kommt hinzu, dass Stress, der durch körperliche oder psychische Belastung entsteht, durch Sozialkontakte gemildert werden kann.

Mit dem Gefühl, sozial eingebunden und geschützt zu sein, bildet sich das Neurohormon Oxytocin, das die negativen Effekte von Stresshormonen wie Kortisol oder Adrenalin verringert. Bei Einsamkeit fehlt dieser Stresspuffer.

Wenn man zu lang einsam war, erscheint der Schritt zu anderen Menschen immer schwieriger, schließlich unmöglich. Einsamkeit macht noch einsamer. Was natürlich fatal ist, da das Dringendste nun eine Prise Mensch wäre. Häufig leiden Menschen, die zu Patienten geworden sind, unter Ängsten. Depressionen entwickeln sich, die neue Ängste mit sich bringen und vielleicht verzweifelte Versuche, der Abwärtsspirale zu entkommen – mit Alkohol, Tabletten, Drogen. Alles Substanzen, die den Kontakt zu anderen Menschen nicht gerade befördern und auch die Chemokommunikation betäuben. Wenn wir betrunken, bedröhnt, berauscht sind, ist unsere Wahrnehmung eingeschränkt. Ohnmachtsgefühle, Fatalismus und Aggression in Worten und Taten gewinnen die Oberhand. Keiner scheint uns zu lieben, nicht mal zu mögen. Wir haben keine Kontrolle mehr über unsere destruktiven Gefühle.

Menschen brauchen Menschen! Wir sind Rudeltiere! Nicht nur seelisch, sondern auch körperlich ist Einsamkeit für Menschen der schlimmste vorstellbare Zustand. Für den Schiffbrüchigen Robinson Crusoe, der achtundzwanzig Jahre lang auf einer einsamen Insel lebte, waren seine Tiere die erste Rettung, und mit Freitag als Freund kehrte die Freude in sein Leben zurück. Nun hatte Robinson Crusoe, über den der englische Schriftsteller Daniel Defoe in seinem Roman schrieb, wenig Möglichkeiten, auf seiner Insel Menschen zu treffen, anders als wir auf dem Festland. Doch manchmal will es trotz des großen Angebots nicht gelingen, Kontakt zu anderen Menschen zu knüpfen.

Das könnte auch daran liegen, dass uns die enorme Bedeutung der Chemokommunikation nicht bewusst ist. Dass wir nicht nur mit den Augen und Ohren wahrnehmen, sondern eben auch mit unserer Nase und ihr unbewusst folgen. Unter Chemokommunikation verstehen wir die Verständigung über unsere chemischen Sinne. Chemische Sinne, das klingt künstlich. Doch wie bereits erwähnt, bestehen wir Menschen nun mal aus Chemie. Genau betrachtet sind das einzelne Atome, die sich in Gruppen zu Molekülen verbinden. Die Moleküle sind wiederum Grundbaustein allen Lebens, aus ihnen bilden sich Wasser, Eiweiße, Zucker oder Fette. Auch die Körperzellen von Pflanzen, Tieren und Menschen bestehen aus Wasser und einer Vielzahl von vor allem Fett- und Eiweißmolekülen. Zuckermoleküle dienen im Körper der Energieversorgung; das Gehirn ist auf sie angewiesen. Ohne Molekül kein Mensch. Moleküle sind also natürlich, sie sind in der Luft, nichts existiert ohne Moleküle, das, was ist, besteht aus Molekülen. Wenn wir heutzutage in unserem Alltag den Begriff Chemie verwenden, meinen wir damit landläufig nicht seine erste Bedeutung: Naturwissenschaft, die die Eigenschaft, die Zusammensetzung und die Umwandlung der Stoffe und ihrer Verbindungen erforscht. Sondern umgangssprachlich etwas Schädliches, Ungesundes oder krank Machendes: Chemikalien, künstlich hergestellte Aromen etc. Doch das ist nicht die Chemie, die uns Menschen ausmacht und die wir essenziell brauchen.

Unser Wohlgefühl im Miteinander wird durch chemische Signale ausgelöst – was uns jedoch weitestgehend unbewusst ist. Wir merken zwar, dass wir uns in der Gegenwart mancher Menschen wohler fühlen als bei anderen, doch wir schreiben das vernünftigen oder auch mal »esoterischen« Gründen zu: »Weil deine Aura so schön orange leuchtet …« In dieser Hinsicht sind wir überaus findig. Mit dem Kollegen X können wir nicht arbeiten, weil er Stress verbreitet, der Nachbar hat eine schlechte Energie, die Schwägerin ist eifersüchtig auf unser schönes Haus, kaum ist Y im Raum, ist man angespannt. So geht es bestimmt allen, und drei Kreuze, wenn man Z nicht über den Weg läuft, weil der immer alles miesmacht. Macht er das tatsächlich, oder hören wir das nur heraus, um eine Bestätigung für unseren geruchlichen Eindruck zu erhalten?

Letztlich entscheidet die chemische Ausstrahlung eines

Menschen darüber, ob wir gern mit ihm zusammen sind, ob wir uns zu ihm hingezogen fühlen, ja auch, was wir über ihn denken. Wenn sein Chemococktail uns »schmeckt«, werden wir positiver über ihn sprechen und seine Handlungen positiv bewerten. Dieselben Handlungen eines Menschen, den wir unbewusst unangenehm erriechen, würden wir negativ beurteilen, und selbstverständlich würden wir für beide Varianten vernünftige Gründe finden.

Insofern an dieser Stelle eine Warnung: Was Sie hier erfahren, kann Ihre bisherigen Mechanismen in der Einschätzung Ihrer Artgenossen in den Grundfesten erschüttern. Aber keine Sorge: Alles wird auch wieder aufgebaut, und zwar auf dem soliden Fundament seriöser Forschung. Mit diesen Erkenntnissen möchte ich Ihnen die Tür dazu öffnen, Ihre chemischen Sinne zu nutzen.

Was Sie davon haben? Es ist schlicht und einfach die Voraussetzung für ein schöneres Leben, Zufriedenheit, Glück. Menschen, die sozial eingebunden sind, können chemische soziale Informationen effektiver nutzen als Menschen, die nicht sozial eingebunden sind.

Es liegt nahe, dass Menschen, die in einem größeren sozialen Netzwerk leben, auch besser riechen können als Menschen, die mit wenigen Menschen Kontakt haben. Denn wenn die Chemokommunikation so wichtig und wohltuend für den Menschen ist, dann sind diejenigen im Vorteil, die eine höhere Dosis abbekommen. Tatsächlich schneiden sie in Geruchstests signifikant besser ab. Sie können Gerüche in geringerer Konzentration wahrnehmen, auch besser unterscheiden und feinere Nuancen zwischen zwei Düften erkennen. Das bedeutet, dass ein Mensch mit einem großen sozialen Netzwerk geruchlich sensitiver, also feinfühliger, sozusagen feinriechiger ist als ein Mensch mit einem kleinen oder gar keinem sozialen Netzwerk.

Nach diesen Ergebnissen liegt eine Frage förmlich in der Luft: Sind denn Menschen, von denen wir aus vorhergehenden

Tests wissen, dass sie empathischer sind als andere, sich also besser in ihre Mitmenschen hineinversetzen können, auch sensitiver? Ja, so ist es. Wer mehr fühlt, riecht auch mehr, beziehungsweise in der korrekten Reihenfolge: Wer mehr riecht, fühlt mehr. Zuerst der Geruch, dann das Gehirn und Gefühl.

Wer gut riecht, lebt länger

Wie bedeutsam der Geruch für unser Leben ist, sehen wir auch in der Mortalitätsrate, der Sterberate von Menschen, die in Geruchswahrnehmungstests schlecht abschnitten: Sie leben kürzer als Menschen, die mehr Gerüche erkennen können, wie wir durch die Arbeiten von Maria Larsson wissen. Nach zehn Jahren der Beobachtung hatten die Menschen, die schlecht riechen konnten, eine um zwanzig Prozent höhere Wahrscheinlichkeit zu sterben als diejenigen, die gut riechen konnten. Dabei wurden nur Personen untersucht, die älter als vierzig Jahre waren. Faktoren wie Alter, Geschlecht, Gesundheitsstatus und Demenz hatten keinen Einfluss auf den Zusammenhang zwischen Riechleistung und Sterberate. Ich kann mir zwei mögliche Erklärungen für den Zusammenhang zwischen Riechen und Lebensdauer vorstellen. Eine wäre, dass das Geruchshirn (Bulbus olfaktorius) innerhalb unseres Gehirns so elementar bedeutsam ist, dass angrenzende Gehirngebiete wie z. B. diejenigen, die wichtig für Gefühle und Erinnern sind (Amygdala und Hippocampus), nur gemeinsam und im Verbund mit dem Geruchshirn leistungsfähig bleiben. Die andere Erklärung wäre, dass die Menschen, die schlecht riechen, auch weniger Freunde und soziale Unterstützung haben.

Wer mehr riecht, hat also nicht nur mehr vom Leben, sondern auch länger Zeit dafür. Aber ist die Lebenszeit nicht genetisch festgelegt? Nur zum Teil. Wir haben schon auch ein Wörtchen mitzureden mit unserem Verhalten – wie gut oder schlecht behandeln wir unseren Körper, wie gesund oder ungesund leben wir? Letztlich können wir das Leben nicht kontrollieren, es ist und bleibt bei aller Forschung ein Überraschungsei. Doch gewisse Faktoren können wir sehr wohl beeinflussen, und dazu gehört auch das Riechen. Wenn Sie sich selbst als nicht besonders geruchssensitiv einschätzen, habe ich eine gute Nachricht für Sie: Riechen kann man trainieren!

Nasenalarm

Die vorstehende Nase ist unsere Fährtenleserin, unser Scout. Sie nimmt als Erstes Gerüche wahr – und dann wird in Bruchteilen von Sekunden entschieden, wie mit ihnen zu verfahren ist. Meistens bekommen wir davon gar nichts mit, und das ist auch gut so. Wir wären grenzenlos überfordert, wenn wir die Millionen von Sinneseindrücken, die ständig auf uns einströmen – von außen, aber auch von innen, nämlich unsere Körperempfindungen –, ungefiltert wahrnehmen würden. Deshalb werden uns nur jene Gerüche bewusst, die unerwartet auftauchen oder sehr intensiv sind. Auf diesen Reiz hin fällen wir unser erstes grobes Urteil: Angenehm oder unangenehm, lautet die Frage, die unsere Reaktion auf den Geruch, unsere weitere Vorgehensweise bestimmt. Lecker oder igitt. Bleiben oder gehen. Mehr davon, weil er Wohlbefinden schenkt, Zufriedenheit und Glück hervorruft, oder nein danke.

Bei den negativen Gerüchen, die uns mit negativen Emotionen erfüllen, unterscheiden wir zwei Qualitäten. Einmal eine Art Brandgerüche, Abgase oder andere Luftverunreinigungen, die Angst hervorrufen und deren Wahrnehmung überlebensnotwendig ist. Immer wieder liest man von Menschen, die aus dem Schlaf hochschreckten, weil sie von einem komischen Geruch geweckt wurden. Komisch heißt in diesem Fall: nicht in das Umfeld passend. Zum anderen warnen uns Ekelgerüche vor Gefahren, besonders wenn sie mit Fäulnis einhergehen. Wir meiden sie instinktiv, um unsere Gesundheit zu schützen. Jeder hat schon mal an einem Lebensmittel geschnuppert, weil er nicht sicher war, ob es verdorben war. Diesbezüglich verlassen wir uns auf unsere Nase. Der Geruchssinn warnt uns auch vor Krankheit und im schlimmsten Fall vor Tod durch Vergiftung. Das geht so weit, dass wir – unbewusst – riechen können, ob jemand gerade dabei ist, einen Schnupfen zu bekommen, und wiederum unbewusst Abstand zu dieser Person halten, weil ihr Körper wie jeder andere auch ununterbrochen flüchtige chemische Verbindungen an die Umgebung abgibt. Diese Informationen über unser Wohlergehen befinden sich in unserem Atem und dünsten aus jeder Pore – und sie variieren je nach Alter, Ernährungsweise und Gesundheitszustand. Wenn Menschen an Krankheiten leiden, ändert sich die Zusammensetzung dieser Verbindungen, und das beeinflusst unseren Körpergeruch.

Ganz und gar nicht unbewusst war die Nasendiagnose in früheren Jahrhunderten. Während moderne Ärzte heute kaum mehr auf ihre Nase vertrauen – ja oftmals nicht mal mehr auf ihre Hände, sondern vor allem auf ihre technischen Assistenten –, galten Gerüche in früheren Jahrhunderten als wichtige Hinweisgeber. Eine Vielzahl von Stoffwechselstörungen sind tatsächlich über einen typischen Körpergeruch erkennbar – zum Beispiel Azeton bei Diabetes mellitus. Neben Stoffwechselstörungen kann ein auffälliger Körpergeruch auch nach Vergiftungen, bei dermatologischen Erkrankungen sowie bei Drüsenfunktionsstörungen beobachtet werden.

Heute noch wird die geruchliche und geschmackliche Prüfung von Arzneistoffen durch Pharmazeuten und Apotheker als organoleptische Prüfung im *Deutschen Arzneibuch* zur Identitäts- und Reinheitsprüfung empfohlen. In der modernen Medizin wird mancherorts bedauert, dass die Geruchsdiagnosen weitestgehend verloren gegangen sind. Was Gerüche als Therapien bei schweren Erkrankungen betrifft, können wir diesbezüglich allerdings froh sein. Zur Bekämpfung von Epidemien, insbesondere der Pest, wurde jahrhundertelang die Aromatisierung der »verdorbenen« Luft als erstes therapeutisches Mittel eingesetzt.

Der Glaube an die therapeutische Wirksamkeit von Düften geht auf die Vorstellung von Hippokrates (geb. ca. 460 v. Chr.) und Galen (ca. 130–200 n. Chr.) zurück, dass Seuchen durch die Aufnahme von krankheitserregenden Dünsten entstünden, welche mit Fäulnis und Gestank einhergingen. Bis in das 17. Jahrhundert wurde auch die Auffassung Galens geteilt, dass die Nase eine direkte Verbindung zum Gehirn darstelle, womit geruchliche Partikel in die Gehirnventrikel gelangten, welche das olfaktorische Endorgan darstellen sollten. Wir sehen, dass die enge Verflechtung von Geruch und Gehirn durchaus schon einmal thematisiert wurde – wenn auch unter falschen Voraussetzungen. Um krankheitserregende/übel riechende Luft zu neutralisieren, wurde bis zu Beginn der Renaissance die Luft mit duftenden Aromen gereinigt. Ärztliche Maßnahmen gegen die Pest bestanden zum Beispiel in der Beräucherung des Hauses mit Weihrauch, Myrrhe, Rosen und Gewürznelken. In die Nähe des Kranken durfte der Arzt nur mit einem Wacholderzweig in der einen Hand und einem Riechapfel in der anderen.

Kaum ein ernsthaft erkrankter Mensch würde sich bei uns allein auf die geruchlichen Fähigkeiten seiner behandelnden Ärzte verlassen. Außer sie sind vierbeinig … In letzter Zeit häufen sich die Anzeichen dafür, dass Tiere Mediziner in der Diagnostik unterstützen können. So wurden zum Beispiel Hunde darauf trainiert, verschiedene Krebsarten über den Atem- oder Uringeruch wahrzunehmen. Mit entsprechender Ausbildung können sie Brust-, Blasen-, Lungen-, Eierstock-, Prostata- oder Hautkrebs erkennen. Die Akkuratheit, mit der sie die Erkrankungen geruchlich bestimmen, liegt bei Lungen- und Eierstockkrebs bei fast hundert Prozent.

Auch wir Menschen könnten über unsere Nase bestimmte Erkrankungen früh erkennen und dadurch rechtzeitig behandeln. Eine schottische Krankenschwester konnte die Parkinson-Erkrankung ihres Mannes zehn Jahre vor Ausbruch der Erkrankung an einem ölig-moschusartigen Geruch diagnostizieren. Von Wissenschaftlern wurden ihr später unter anderem Geruchsproben von Parkinson-Patienten gegeben. Die Frau erkannte Patienten mit Parkinson mit einer Sicherheit von 98 Prozent. Ultraschall und Bildgebung sind nicht immer so aussagekräftig, wie wir es uns wünschen, und außerdem sehr teuer. Da wären zusätzliche Diagnostiker hilfreich.

Auch Ratten und Mäuse werden mittlerweile darauf trainiert, Krankheiten geruchlich zu erkennen. Diese Nager stehen zu Unrecht bei vielen Menschen in keinem guten Ruf. So würden sie auch ihr Image aufpolieren. Besonders in der Frühdiagnose könnten Tiere eine große Hilfe sein. Auch wir Menschen diagnostizieren ständig – doch wir merken es nicht. Ein Kollege von mir aus Stockholm, Mats Olsson, hat Untersuchungsteilnehmern sehr kleine Mengen eines Fieber auslösenden Stoffes gegeben, der aus Bakterien isoliert wird (Lipopolysaccharide). Kurz darauf erhöhte sich die Körpertemperatur der Teilnehmer um etwa 1 °C. Nach etwa vier Stunden waren sie wieder so gesund wie zu Beginn der Studie. Sie hatten es selbst kaum gemerkt, dass ihr Immunsystem für wenige Stunden mit der Bekämpfung von Fieber beschäftigt war. Ihre in dieser Phase getragenen T-Shirts wurden später anderen Untersuchungsteilnehmern vorgelegt und als unangenehmer, intensiver und ungesünder errochen als die T-Shirts derselben Menschen, wenn sie keine Injektion bekommen hatten.

Wir merken es bereits in einem sehr frühen Stadium, wenn jemand erkrankt ist, auch wenn wir bewusst keine Ahnung davon haben und unseren Bestrebungen, Abstand zu halten, andere Motive zuschieben würden – falls uns die Distanz überhaupt auffiele. Katzen können womöglich sogar den Tod vorausriechen: Vor einiger Zeit wurde von einer Katze in einem Pflegeheim berichtet, die sich zu Patienten legte, die kurz darauf verstarben. Unheimlich? Mystisch? Nein. Ich vermute, dass sich der Stoffwechsel verändert, und das wird von den Tieren wahrgenommen. Wobei man sich dann allerdings fragen kann, ob der todesnahe Stoffwechsel duftet. Nun, für die Katze offenbar sehr wohl.

Ist der Mensch der bessere Spürhund?

Die meisten Menschen glauben, im Vergleich mit Tieren, vor allem mit Hunden, würde ihr eigenes Geruchsvermögen sehr schlecht abschneiden. Auch in den Naturwissenschaften – Medizin, Biologie, Psychologie – wird die gestrige Lehrbuchmeinung noch immer verbreitet, nach der Tiere besser riechen können als Menschen: Tiere als Makrosmaten seien Menschen als Mikrosmaten überlegen. Unter den Säugetieren sei der Mensch das einzige, das seine geruchliche Umwelt nur zu einem kleinen Teil wahrnehmen könne. Vor zwei Jahren erschütterte allerdings ein Geruchsbeben die Wissenschaft, nach dem nichts mehr so roch wie zuvor. Von wegen, Menschen seien Tieren olfaktorisch gnadenlos unterlegen! Die neuesten Forschungen zeigen, dass wir Menschen genauso gut, wenn nicht sogar besser riechen können als alle bisher untersuchten Tiere.

Es ist sehr aufwendig, bei Tieren systematische Geruchsuntersuchungen durchzuführen. Oft beruhen die Angaben ihrer Fähigkeiten auf Schätzungen. Tiere können uns ja nicht mitteilen, was sie riechen. Um Gewissheit zu erlangen, muss man sie darauf dressieren, ein bestimmtes Molekül zu erkennen. Da Gerüche nie in Reinform, sondern immer als Mischgerüche vorkommen, muss man dazu erst einmal ein Molekül isolieren. Das ist relativ einfach zu bewerkstelligen und wird ständig praktiziert. Auch unsere industriell gefertigten Lebensmittel sind aus Einzelsubstanzen zusammengesetzt, die chemisch isoliert wurden. Schwieriger ist es, einer Maus oder einem Elefanten beizubringen, auf ein bestimmtes Molekül zu reagieren. Das muss der Dickhäuter anzeigen, indem er mit seinem Rüssel eine von zwei Wandklappen öffnet, nachdem er den Geruch erkannt hat. Wenn es die richtige Klappe ist, erhält er eine Belohnung. Bei Affen befinden sich die Gerüche und ihre Belohnungen in nussschalenartigen Kammern. Mit der Zeit wird der Geruch immer geringer konzentriert. Außerdem werden sehr ähnliche Gerüche angeboten, also Moleküle, die fast identisch riechen. So wird zusätzlich die Geruchsunterscheidungsfähigkeit getestet. Es kann Jahre dauern, bis ein solches Training abgeschlossen ist und erste belastbare Daten vorliegen, wie sie vor Kurzem der deutsche Zoologieprofessor Matthias Laska an der schwedischen Universität in Linköping präsentierte. Länger als ein Vierteljahrhundert beschäftigt er sich nun schon mit einer Datenbank zu sämtlichen Messwerten, die es bei Säugetieren zum Geruchssinn gibt. Nun liegen Daten von vielen verschiedenen Tierarten für viele verschiedene Moleküle vor, die sich extrem systematisch in Größe und chemischer Eigenschaft unterscheiden.

Und siehe da: Im Vergleich zu allen anderen untersuchten Tierarten ist die menschliche Leistung besser. Menschen können mehr Moleküle in niedrigsten Konzentrationen riechen als Affen (Klammeraffen, Makaken, Totenkopfäffchen), Mäuse, Spitzmäuse, Ratten, Fledermäuse, Seeotter, Schweine, Igel und Kaninchen. Die Unterscheidungsfähigkeit zwischen zwei sehr ähnlichen Gerüchen ist beim Menschen ähnlich ausgeprägt wie beim Elefanten, Totenkopfäffchen, Seebären und der Maus. Bei Hunden sind wir noch nicht ganz sicher, da erst fünf Moleküle untersucht wurden, von denen drei für den Hund biologisch besonders bedeutsam sind. Jede Tierspezies hat ihre eigenen speziellen Moleküle, die besonders wichtig zum Überleben sind, weil sie Futter- und Gefahrenquellen anzeigen.

Die Ergebnisse aus Schweden haben uns überrascht, aber beim Geruch haben wir uns schon oft einen Bären aufbinden lassen. Womöglich liegt das daran, dass wir nicht glauben können, ebenso nasengesteuert zu sein wie die Tiere. Wir verorten Gerüche im Stall. Dabei überriechen wir die fundamental bedeutsamen sozialen Bindungsdüfte, als wäre das etwas Schlechtes. Wir verknüpfen die wichtigen Eigenschaften des Geruchs – Orientierung, Zuordnung, Vertrautheit und so weiter – mit einem Qualitätsurteil, und im Tierstall stinkt es eben. Doch indem wir das Riechen ausgeblendet haben, sind wir ärmer geworden. Bräuchten wir vielleicht gar keine Spürhunde, die uns zu Geld und Drogen leiten oder verlorene Gegenstände wiederfinden? Könnten wir das alles selbst, wenn wir es wollten, oder mit ein bisschen Geruchstraining?

Noam Sobel, ein Kollege aus Israel, legte 2007 auf einem zehn mal zehn Meter großen Feld kreuz und quer eine Schokoladenspur aus, die Menschen erschnuppern sollten. Die Versuchsteilnehmer trugen eine verdunkelte Brille und konnten nichts sehen. Zwei Drittel der Teilnehmer gelangten vom Rand des Feldes erfolgreich zur Geruchsspur und konnten sie bis zum Schluss verfolgen. Entscheidend ist dabei, dass zur Spurensuche beide Nasenlöcher offen sind, sodass das Gehirn Informationen über links und rechts erhält. Wenn ein Nasenloch blockiert war, schaffte nur noch ein Drittel der Teilnehmer den Test.

Im Gegensatz zu Tieren, die sich ganz auf ihre Nase konzentrieren können, sind wir Menschen durch unsere Augen und Ohren abgelenkt. Wir vertrauen diesen Sinnen mehr als unserer Nase, zumindest bewusst. Oder nehmen Sie beim Betreten eines fremden Raumes erst einmal eine kräftige Prise? Nein, Sie blicken sich um. Ihre Nase lässt sich aber nicht hinters Licht führen. Sie erkennt einen Störgeruch und rät zum Rückzug. Und so sagen Sie zu Ihrer Begleitperson: »Scheußlich, diese grünen Vorhänge.« Wenn möglich, bitten Sie: »Lass uns weitergehen.«

Es muss kein Mord in diesem Zimmer stattgefunden haben, es riecht nicht nach Blut, aber vielleicht nach Aggression. Und die nehmen wir genauso wahr wie Tiere, die im Wartezimmer der Tierarztpraxis zittern und Haare lassen – der Geruch verrät ihnen, dass Artgenossen hier Todesangst erlitten. Etwas Schreckliches muss geschehen sein, also nix wie weg. Diesen Fluchtreflex aufgrund einer geruchlichen Information verspüren wir Menschen auch, doch wir ummanteln ihn mit Höflichkeit und erfinden Gründe, machen uns einen Reim darauf, der nichts mit der Realität in der Nase zu tun hat. Wir schnuppern auch nicht tiefer, was uns ebenfalls kaum weiterbringen würde.

Stattdessen schauen wir uns die Sache mal genauer an. Wir stellen sie in den »Fokus«. Wir nehmen sie in »Augenschein«, nehmen sie »unter die Lupe«. Oder wir spitzen die Ohren, lauschen. Aber wir schnuppern nicht. Wir sind schließlich keine Hunde. Auch wenn es heißt, dass Hunde Fährten lesen können, und manche Hundebesitzer behaupten, ihre Hunde würden Zeitung lesen, während sie an Wegrändern entlangschnüffeln, immer der Nase nach.

Für viele Menschen ist die Abgrenzung zum Tier sehr wichtig. Das Tier unten, der Mensch oben. Diese Trennung ermöglicht es auch, Nutztiere als unbeseelte Produktionsmaschinen zu behandeln. Räumten wir ihnen die gleichen Gefühle ein, die wir Menschen kennen, würde das Schnitzel wohl nicht mehr so gut schmecken. Wie wir mit diesem Dilemma umgehen, muss jeder für sich selbst entscheiden. Festzuhalten bleibt, dass es bei vielen Menschen und auch Wissenschaftlern starke Irritationen auslöst, wenn die Grenze zwischen Mensch und Tier durchlässig wird. Obwohl aktuelle Forschungsergebnisse keinen Zweifel lassen, dass Säugetiere fühlen wie wir Menschen, wird stellenweise noch an den alten Irrtümern festgehalten – und die stinken manchmal zum Himmel.

Stinkbomben

In den Jahrzehnten, in denen ich über Gerüche forsche, bin ich mit Vorurteilen oft geradezu bombardiert worden. Ganz zu Beginn vermied es ein Kollege in der Mensa doch tatsächlich, in meiner Nähe zu sitzen. Es ging das Gerücht, dass Professorin Pauses Labor mit »chemischen Kampfstoffen« forsche. Das hätte ich nicht mal abstreiten können, denn Angst würde sogar zu den kriegsentscheidenden Gerüchen zählen. Je mehr ein Mensch auf die Vernunft baut, am besten die reine, mit Ariel gewaschene, desto weniger fühlt er sich zur Erforschung von Gerüchen hingezogen, denn die sind doch ganz tief unten. Geruch ist pfui. Ich habe mich daran gewöhnt, dass mein hochinteressanter, spannender, faszinierender, wunderbarer Forschungsgegenstand nicht nur unterschätzt, sondern zum Teil regelrecht verunglimpft wird. Heute amüsiert mich das zuweilen ein wenig, denn auch wenn man sich die Nase zuhalten würde, käme man nicht an den aktuellen Studien vorbei, die die Bedeutung des Geruchs für den Menschen geradezu revolutionieren.

Manchmal werde ich gefragt, ob die Menschen im Mittelalter schlechter gerochen hätten als wir heute, und zwar in beide Richtungen. Sowohl selbst als auch die anderen. Oder ob sich unsere Wahrnehmung der Gerüche verändert habe. Wir sind ja heute eher Seife als Schweißgeruch gewöhnt. Doch ein Sprung von fünfhundert, tausend Jahren ist in der Evolutionsgeschichte nicht mal ein Wimpernschlag. Ich glaube, dass die Menschen damals ebenso gut riechen konnten wie wir heute. Aber die Bewertung der Gerüche hat sich verändert. Und unsere Kultur ist auch nicht die erste, die sich in Duftwolken hüllt. In der Renaissance wurde geradezu verschwenderisch mit Parfüm umgegangen, an dem man niemals sparte – an der Körperwäsche hingegen schon. Ich vermute, dass man in früheren Jahrhunderten nicht so empfindlich auf fremde Körpergerüche reagierte.

Was die Körpergerüche von lieben Menschen betrifft, sind wir zudem sehr tolerant. »Schön ist eigentlich alles, was man mit Liebe betrachtet«, heißt es bei Christian Morgenstern. Und das gilt auch fürs Riechen. Einer Mutter wird der Durchfall ihres Säuglings, der andere in die Flucht zu schlagen vermag, kaum Beine machen. Menschen, denen beim Geruch von Hundekot immer übel wurde, werden unempfindlich, sobald sie selbst Hundebesitzer sind und die Hinterlassenschaften ihres Lieblings eintüten. Liebespaare können sich gut riechen, selbst wenn sie eine Dusche nötig hätten. Wenn ein Ehepartner stirbt, halten ihn Witwer oder Witwen lang noch durch seinen Geruch am Leben – mit einem Wäschestück unter dem Kopfkissen. Der vertraute Geruch spendet Trost. Wir geben lieben Menschen, die verreisen, etwas von uns mit – und oft ist es mit unserem Geruch behaftet, und der tröstet mehr als ein Foto.

- Menschen können besser riechen als fast alle Tiere! Diese These wurde kürzlich in einer sehr renommierten wissenschaftlichen Zeitschrift begründet: McGann, J. P. (2017). Poor human olfaction is a 19th-century myth. Science, 356 (6338), eaam7263.
- Die Sinneserfahrung als wichtigste Erkenntnisquelle ist vor allem immer dann wichtig gewesen, wenn philosophische Strömungen sich der Überbetonung der Vernunft und des Verstandes entgegensetzten. Dies war z. B. im griechisch-römischen Epikureismus der Fall, der der platonischen Ideenwelt die reale, beobachtbare Welt entgegenstellt. Später wurde dann die Sinneswahrnehmung als wichtigstes Mittel eingesetzt, um endlich mittelalterliche Theorien über den Menschen oder die Welt zu entkräften. Aus dieser Zeit stammt ein Zitat von Michel de Montaigne (1533–1592), das sehr schön beschreibt, wie wichtig unsere Sinneserfahrung ist: »Wir würden, wenn es um und um kömmt, nicht mehr wissen als ein Stein, wenn wir nicht wüßten, daß es Schall, Geruch, Licht, Geschmack, Maaß, Gewicht, Weichheit, Härtigkeit, Rauhigkeit, Farbe, Glätte, Breite, Dicke giebt. Dieses ist der Grund des ganzen Gebäudes unserer Wissenschaft. Und, nach einiger Meynung, ist Wissenschaft nichts anders als Empfindung. Wer mich so weit treibet, daß ich meinen Sinnen widerspreche, hat mich bey der Kehle, er kann mich nicht weiter zurückjagen. Die Sinnen sind der Anfang und das Ende der menschlichen Erkenntniß.« Montaigne de, M. (1992). »Schutzschrift für Raimond von Sebonde«. In: J. D. Tietz (Hrsg.). Michel de Montaigne: Essais [Versuche] nebst des Verfassers Leben nach der Ausgabe von Pierre Coste ins Deutsche übersetzt. Band 2, S. 350–351. Zürich: Diogenes. (Original erschienen 1580).

- Solange ein stabiles Grundeinkommen gewährleistet ist, machen Materialismus, Geld und kapitalistische Gesellschaftssysteme Menschen eher unglücklich als glücklich. Menschen brauchen andere Menschen und ein intrinsisches Wertesystem, um glücklich zu sein. Diese und andere psychologische Grundlagen von Glück sind vor Kurzem in einem Buch zusammengefasst worden: Allen, J. B. (2017). The psychology of happiness in the modern world: A social psychological approach. Springer Publishing Company.
- Menschen mit einem größeren sozialen Netzwerk können besser riechen als Menschen mit wenig Freunden. Hierzu sind zurzeit zwei unabhängige Studien publiziert worden: Zou, L. Q.; Yang, Z. Y.; Wang, Y.; Lui, S. S.; Chen, A. T.; Cheung, E. F. & Chan, R. C. (2016). What does the nose know? Olfactory function predicts social network size in human. Scientific Reports, 6, 25026. Boesveldt, S.; Yee, J. R.; McClintock, M. K. & Lundström, J. N. (2017). Olfactory function and the social lives of older adults: a matter of sex. Scientific Reports, 7, 45118.

Freunde riechen besser

- Die Studie zum Zusammenhang von Einsamkeit und Lebenserwartung auf Basis der Daten von 3,5 Millionen Teilnehmern kann hier nachgelesen werden: Holt-Lunstad, J.; Smith, T. B.; Baker, M.; Harris, T. & Stephenson, D. (2015). Loneliness and social isolation as risk factors for mortality: a meta-analytic review. Perspectives on Psychological Science, 10(2), 227–237. Das Buch von Cacioppo gibt einen guten Einstieg in die psychologische Einsamkeitsforschung und die gesundheitlichen Folgen der Einsamkeit: Cacioppo, J. T. & Patrick, W. (2011). Einsamkeit: Woher sie kommt, was sie bewirkt, wie man ihr entrinnt. Spektrum Akademischer Verlag.

Wer gut riecht, lebt länger

- Wer gut riechen kann, hat eine längere Lebenserwartung: Ekström, I.; Sjölund, S.; Nordin, S.; Nordin Adolfsson, A.; Adolfsson, R.; Nilsson, L. G.; … & Olofsson, J. K. (2017). Smell loss predicts mortality risk regardless of dementia conversion. Journal of the American Geriatrics Society, 65(6), 1238–1243.

Nasenalarm

- Zur historischen Nutzung von Gerüchen in der Medizin: Le Guérer, A. (1992). Die Macht der Gerüche. Eine Philosophie der Nase. Klett-Cotta.
- Trainierte Hunde sind in der Lage, verschiedene Krebserkrankungen frühzeitig am Geruch zu erkennen: Moser, E. & McCulloch, M. (2010). Canine scent detection of human cancers: A review of methods and accuracy. Journal of Veterinary Behavior, 5(3), 145–152.
- Menschen können kleinste Krankheitszeichen von anderen Menschen geruchlich erkennen: Olsson, M. J.; Lundström, J. N.; Kimball, B. A.; Gordon, A. R.; Karshikoff, B.; Hosseini, N.; … & Axelsson, J. (2014). The scent of disease: human body odor contains an early chemosensory cue of sickness. Psychological Science, 25(3), 817–823.

Ist der Mensch der bessere Spürhund?

- Menschen können mindestens genauso gut, häufig aber sogar besser riechen als alle bisher untersuchten Tiere: Laska, M. (2017). Human and animal olfactory capabilities compared. In: Springer Handbook of Odor (pp. 81 ff.). Cham: Springer.
- Menschen können auf einem großen Rasenfeld einer Schokoladenspur mit der Nase folgen: Porter, J.; Craven, B.; Khan, R. M.; Chang, S. J.; Kang, I.; Judkewitz, B.; … & Sobel, N. (2007). Mechanisms of scent-tracking in humans. Nature Neuroscience, 10(1), 27.

Denis Scheck
Schecks Kanon

Oft werde ich gefragt, *was* man lesen soll. Nie, *warum* man lesen soll. Da war es eine erfrischende Abwechslung, als ich am Rande seiner Talkshow Stefan Raab kennenlernte. Stefan Raab liest nach eigenem Bekunden jede Menge, und ich glaube es ihm sogar. Aber Stefan Raab liest keine Belletristik, sondern ausschließlich Sachbücher. Diese Lektürevorliebe teilt Raab mit der Mehrheit der Männer in Deutschland. Warum, setzte mir Raab die Pistole auf die Brust, solle er sich denn auch mit Literatur aufhalten? Nie habe er begriffen, weshalb er sich für erfundene Probleme erfundener Figuren interessieren müsse – was gingen ihn Hänsel und Gretel, Lolita oder Oskar Matzerath an?

Diese Fragen sind wie Stefan Raab selbst: gar nicht so dumm. Sie stürzen mich durchaus in Erklärungsnot. Warum fasziniert mich das Herzeleid Othellos? Was elektrisiert mich am Gelangweiltsein Emma Bovarys in ihrer Ehe? Wie kommt es, dass die Plaudereien des alten Stechlin so viel mehr sind als bloße Plaudereien? Warum sind mir die Niedertracht Richard III. oder der rastlose Geiz Dagobert Ducks durchaus nicht gleichgültig? Auf der reinen Inhaltsebene lässt sich das nicht beantworten. Im Gespräch über Bücher reden wir allzu häufig über Inhalte – eben was Hänsel und Gretel im Wald erleben, wie das mit der bösen Hexe ausging und wer mit wem wann und wieso durch die Betten tobte. Auch in unserem Rezensionsfeuilleton wimmelt es leider von Handlungsreisenden der Literatur.

Die Antwort auf Stefan Raabs Frage ist so offensichtlich, liegt so sehr auf der Hand, dass man sie schon wieder leicht übersieht. Im Spiel der Kunst, nicht zuletzt im Gedankenspiel der Literatur entwickeln wir jene Systeme der Wahrnehmung, unserer moralischen Werte und ethischen Orientierung, die es uns erlauben, uns in dieser Welt zurechtzufinden. Nur lesend verstehen wir die Welt – und fühlen uns gelegentlich sogar von der Welt verstanden.

Lesen heißt genau wie Singen oder Tanzen unsere Todesangst bannen. Wir *fahren* buchstäblich aus unserer Haut, um zu *er*fahren, was in den Köpfen derjenigen vorging, die nicht mehr da sind, weil sie auf dem Friedhof liegen. Wir lesen, weil wir so tausend Leben führen können, ohne mehr als einen Tod sterben zu müssen. Wir lesen, weil wir um die Wirkkraft des Zauberworts »Mutabor« wissen aus Wilhelm Hauffs *Kalif Storch*: Wer ein Buch aufschlägt, wird verwandelt. Ohne Schrift keine Geschichtsschreibung. Literatur lesen stärkt unsere Empathie und erschüttert unsere lieb gewordenen Glaubensgewissheiten. Literatur lesen bringt buchstäblich auf andere Gedanken. Literatur lesen schärft unseren Blick für die Nacktheit der Kaiser in neuen Kleidern. Literatur schützt vor Narzissmus, indem sie den Blick von uns selbst weg und hinaus in die Welt lenkt. Literatur war für mich immer so etwas wie eine in einen Kuchen eingebackene Feile. Ein Fluchtmittel. Um dem zu entkommen, was den Alltag zum öden Gefängnis macht. Dem ständigen Kreisen um den eigenen Nabel. Den blöden Parolen des Zeitgeists. Genau deshalb ist Lesen, ist Literatur totalitären Machthabern immer ein Dorn im Auge und steht bis heute unter politischem Verdacht. Lesen ist immer eskapistisch. Das finden viele, aber keineswegs alle gut. Die Einzigen, die etwas gegen Eskapismus haben, sagte der Autor des *Herrn der Ringe,* J. R. R. Tolkien, deshalb, sind Gefängniswärter.

Ob man mit Robert Louis Stevenson die Südsee durchsegelt oder mit Tania Blixen Afrika entdeckt – ein großer Text lässt einen buchstäblich das eigene Selbst abstreifen und das Abenteuer erleben, in die Schuhe eines anderen zu schlüpfen. Literatur ist die beste Konfrontationstherapie der Welt. Das Gegenteil eines *safe space.* Literatur lügt – und gerade deshalb ist sie so ehrlich. In der Literatur werde ich dem Fremden, dem Dreck und dem Widerspruch ausgesetzt. Im Idealfall zerschmettert Literatur die mühsam errichtete Schneekugel unserer Vorurteile und Ressentiments. Literatur schenkt uns ein Bewusstsein der Zeit und schafft einen eigenen Raum, in dem wir unsere

Persönlichkeit fokussieren, unser Ich stabilisieren, unser Leben entschleunigen können. Literatur offenbart meine Charakterschwächen. Sie verleiht Einsicht in unsere Einsamkeit – und in die Unabwendbarkeit dieser Einsamkeit – und leistet einem paradoxerweise in dieser Einsamkeit Gesellschaft. Ein Abenteuer mit ungewissem Ausgang. Genau das kann geschehen, wenn man ein Buch aufschlägt. Darin liegt die große Freiheit der Literatur. Und darum lese ich.

Literatur hat mir das Leben gerettet. Oft. Literatur hat mich beschützt und bewahrt, aber auch ausgesetzt und aus der Passivität ins Leben gestoßen. Literatur hat mich alles überstehen lassen, was verkorkst war in meiner Kindheit, meinem Elternhaus, meiner Schulzeit: Ablehnung, Einsamkeit und Liebeskummer, die beruflichen und privaten Enttäuschungen, die Knoten um Knoten den Teppich unser aller Leben knüpfen. Scheitern ist eine existenzielle Lebenserfahrung. Wie man mit Enttäuschungen, Niederlagen und Zurückweisungen klarkommt, ja die Erkenntnis, dass Zurückweisungen und Niederlagen nicht die Ausnahme, sondern der Normalfall im Leben sind, kann man lesend lernen. Literatur übt aufs Scheitern ein. Ich komme ursprünglich vom literarischen Übersetzen her und weiß daher, dass der kürzeste unübersetzbare Witz im Deutschen lautet: »Prätentiös? Moi?« Literatur liegt mir am Herzen. Deshalb mache ich gern Witze über sie – wie über alles, was mir wichtig ist.

Jeder Kanon stellt eine einfache Frage, im Grunde eine Kinderfrage: Was lohnt zu lesen? Was soll man, was muss man als literarisches Existenzminimum angesichts grob geschätzt dreieinhalbtausend Jahren schreibender Menschheit unbedingt zur Kenntnis nehmen – und was lieber ignorieren? Was ist zu Recht vergessen, verstaubt und vermodert? Was erreicht uns heute überhaupt noch aus der Flut der Überlieferung? Und das heißt natürlich: Welche Texte helfen einem dabei, ein gutes, also ein schönes, gerechtes, erfülltes und glückliches Leben zu führen? Auf solche Kinderfragen müssten Menschen, die ihr Leben lang mit Büchern Umgang hatten, eigentlich eine prompte Antwort parat haben. Tatsächlich aber hört man auf die Kanonfrage in unserer Gegenwart eher verlegenes Stottern, Hüsteln und Räuspern. Und das hat Gründe.

Lesen ist mir seit meiner Kindheit zwar zur zweiten Natur geworden – aber Lesen ist eben nichts Natürliches. Die amerikanische Neurowissenschaftlerin Maryanne Wolf erinnerte 2011 in *Das lesende Gehirn* daran, dass wir nicht als Leserinnen und Leser zur Welt kommen. Lesen ist genau wie Feuermachen oder das Rad eine Erfindung. Sogar noch eine ziemlich neue Erfindung, wenige Tausend Jahre alt, deren Wechselwirkung auf unser Gehirn noch nicht mal ansatzweise erforscht ist. »Lesen kann man nur lernen, weil das Gehirn so formbar ist, und beim Lesen wird das Gehirn des betreffenden Individuums unwiderruflich – physiologisch wie auch intellektuell – verändert«, so Wolf. »Von den ersten stockenden Versuchen eines Kindes an, Buchstaben zu entziffern, ist die Leseerfahrung weniger ein Ziel in sich, sondern unser bester Weg zu einem gewandelten Geist sowie – im wörtlichen und übertragenen Sinne – zu einem anderen Gehirn.« So verstanden, ist die Entscheidung, ob wir lesen und was wir lesen, von eminenter Bedeutung für unsere Entwicklung als Menschen.

Jeder Kanon ist zudem politisch. Mehr noch: Die In-and-out-Frage ist die politische Frage schlechthin: *Whose side are you on?* Ein Kanon beantwortet genau jene Frage, die der schreckliche Song der DDR-Jugendorganisation FDJ 1967 formulierte: *Sag mir, wo du stehst.* In mir hat dieses Lied immer Übelkeit ausgelöst. Die Antwort auf solche Fragen selbst ernannter Gewissenspolizisten zu verweigern gehört seit Jahrtausenden zur Überlebensstrategie vernünftiger Menschen. Das literarische Gegenprogramm zu *Sag mir, wo du stehst.* formuliert ebenso schön wie poetisch das Volkslied *Die Gedanken sind frei.* Ein Kanon schränkt diese schöne Freiheit ein. Die eleganteste Widerrede gegen die politische Indienstnahme des Kanons stammt von dem erzkonservativen, aber immer amüsanten US-amerikanischen Literaturwissenschaftler Harold Bloom, der in seinem Buch *The Western Canon* von 1994 einen

Kanon aus 26 Autoren aufstellte und zu dem Fazit gelangte, ein Kanon sei weder ein Instrument zur Verbesserung der Welt noch ein Programm für eine Gesellschaftsreform: »Die größte Ungerechtigkeit eines historischen Unrechts besteht darin«, so Bloom, »daß es in seinen Opfern nicht zwangsläufig mehr hinterläßt als das Gefühl, ungerecht behandelt worden zu sein.« Ins selbe Horn stieß der Schweizer Literaturwissenschaftler Peter von Matt, als er 1997 in einer Umfrage zum Kanon der Wochenzeitung *Die Zeit* formulierte: »Der Kanon ist ein Faktum, das nicht abhängig ist von denen, die ihn anerkennen. Auch die Komplexitätsdifferenz zwischen Berlin und Hinterzarten existiert nicht nur unter der Bedingung, daß der Bürgermeister von Hinterzarten ihr zustimmt. Bestritten wurde der Kanon stets von literarisch unbelesenen Theoriemolchen. Diese sind nicht mehr überall an der Macht, aber die Eier, die sie gelegt haben, stinken immer noch. Mindestens zwei Generationen junger Leute wurden von ihnen betrogen.« Hinter diese Erkenntnis sollten wir nicht zurückfallen: Der Kanon existiert, ob es uns passt oder nicht.

Warum lasse ich mich nun auf das frivole Unternehmen ein, einen neuen Kanon der Weltliteratur vorzuschlagen? So vieles spricht dagegen! Schon die zwangsläufige Beschränktheit der eigenen Lektüreerfahrung müsste mir die Lippen versiegeln: Mehr als ein paar läppische Tausend Bände zu lesen schafft niemand in der uns gegebenen Lebenszeit. Auch in meinem Elternhaus hingen keine Gainsboroughs … Immerhin sind wir am Beginn des 21. Jahrhunderts in der Lage, die Bedingtheit einer eurozentristischen Perspektive zu reflektieren und Faktoren wie Geschlecht, Herkunft, Alter und Sozialisation mitzubedenken. Wenn die Beschäftigung mit der Tradition des Kanons eine Erkenntnis stiftet, dann die um die Vergeblichkeit der ganzen Unternehmung. Aber seit Sisyphos und Samuel Beckett wissen wir: »Alles seit je./Nie was anderes./Immer versucht./Immer gescheitert./Einerlei./Wieder versuchen./Wieder scheitern./Besser scheitern.«

Es ist Zeit für einen neuen Kanon, weil sich die Lebensbedingungen in den letzten zwanzig Jahren grundlegend verändert haben. Heute leben wir vernetzt. Auch wenn die aktuelle politische Erfahrung in Europa dagegenspricht: Grenzen spielen in unserem Leben und in unserer Literatur zu Beginn des 21. Jahrhunderts eine immer geringere Rolle. Auch die im 19. Jahrhundert noch ewig und unverrückbar erscheinenden Grenzen zwischen den Geschlechtern lösen sich immer mehr auf. Erkenntnis entsteht dort, wo Grenzen gesprengt werden. Ich möchte deshalb einen »wilden« Kanon vorschlagen, einen Kanon, der weder Sprach- noch Genregrenzen respektiert und sich nicht um Gattungen oder Epochen schert. Einen Kanon, der nicht auf Literatur in deutscher Sprache begrenzt ist und auf die absurden Nationalphilologien des 19. Jahrhunderts schlicht pfeift. Die Ausweitung des Kanons bedeutet nicht die Abschaffung des Kanons.

Aber ist ein Kanon denn überhaupt noch zeitgemäß, wurde ich oft gefragt, als ich im Wintersemester 2018/19 an der Universität Bern ein Seminar über die Geschichte des Kanons unterrichten durfte. Hier zitiere ich gern den Verleger Klaus Wagenbach, der darauf schon vor über zwanzig Jahren die nach wie vor gültige Antwort gab: »Die Idee, einem Bürgertum, das inzwischen so ungebildet ist, wie nicht einmal polizeilich vorgesehen, einen literarischen Kanon nachzuwerfen, der ihm ohnehin piepe bleibt, ist so absurd, daß ich mich gern darauf einlasse.« Nur ist inzwischen selbst die Idee eines Bürgertums mehr und mehr absurd geworden. Tatsächlich herrscht Krieg zwischen der Idee eines Kanons und der Kategorie des »Zeitgemäßen«, einfach weil es zum Wesen eines Kanons gehört, eine gewisse Überzeitlichkeit für sich in Anspruch zu nehmen. Ein Kanon will ja gerade das versammeln, was dem Zahn der Zeit enthoben ist und von bloßen Moden und Trends unberührt bleibt. Deshalb ist die Beschäftigung mit einem literarischen Kanon auch die allerbeste Versicherung gegen ein Denken, das immer nur ängstlich auf die eigene Mitwelt starrt und einen letztlich zum Sklaven der eigenen Gegenwart macht. Gerade dieses Schielen auf den jeweiligen Zeitgeist macht ja zum Beispiel einen Großteil der »problemorientierten« Jugendliteratur so unaussprechlich öde.

Natürlich ist jeder Anspruch, als einzelner Literaturkritiker einen Kanon zu formulieren, schierer Größenwahn. Aber Größenwahn kann ja mitunter auch ganz lustig sein. Selbstverständlich ist auch mir klar, dass ein Kanon niemals das Werk eines Einzelnen ist, sondern dass die wahren kanonisierenden Instanzen die Zeit und die Gesellschaften sind, in denen wir leben. Dennoch ist das Kanon-Spiel, also die lustvolle Debatte darum, welche Werke nun zu unserem unveräußerlichen kulturellen Erbe gehören und welche eben nicht, doch immer sehr anregend und amüsant. Es geht dabei nicht um in autoritär diktatorischem Gestus dekretierte Pflichtlektüren, sondern um Neugier und Leselust auslösende Vorschläge. Außerdem gibt es kaum einen besseren Indikator für den Fortschritt im Nachdenken über Literatur, als zu betrachten, was verschiedenen Zeiten kanonisch erschien. Man denke an die 1978 begonnene Serie in der Wochenzeitung *Die Zeit*, die ebenfalls eine Bibliothek der hundert Bücher versammelte – und unter den hundert Autoren sage und schreibe eine einzige Frau aufwies. Auch um noch wie Marcel Reich-Ranicki selig einen rein deutschsprachigen Kanon vorzuschlagen, müsste man sich heute sehr dumm stellen. Meine Wurzeln liegen im literarischen Übersetzen und der Komparatistik. Globalisierung lässt sich in der Literatur am besten erleben, denken wir nur an den regen Motivaustausch in der Dichtung der Antike oder des Mittelalters. Und in der Wirklichkeit unserer privaten Bibliotheken steht doch längst auch Silvia Bovenschen neben Jorge Luis Borges, Dickens neben Dostojewski, Eco neben Enquist, David Foster Wallace neben Martin Walser.

Es gibt in meinen Augen nur einen echten Goldstandard in der Literatur: Zur Weltliteratur zählt für mich ein Werk dann, wenn es meinen Blick auf die Welt nachhaltig verändert. Wer Sappho oder Ovid, Beckett oder Kafka gelesen hat, sieht sich und seine Umgebung mit anderen Augen als vor der Lektüre. Darin liegt für mich ohnehin das Geheimnis wirklich großer

Literatur: dass sie unsere Weltanschauung verändert; man nimmt nach der Lektüre bestimmter Autorinnen und Autoren schlicht mehr und anders wahr als zuvor. Für meine Weltwahrnehmung sind Donald Duck, Gustav Gans und der Maharadscha von Zasterabad genauso konstitutiv wie Shylock, Othello und Desdemona. Der Trash vergangener Tage ist nicht selten der Ort, wo man die Klassiker von heute entdeckt. Es ist ja erst ein paar Jahrhunderte her, da galt selbst noch die Romanform als trivial und anstößig. Manche Orchideen gedeihen eben nur auf besonderem Humus, um nicht von Misthaufen zu sprechen.

Wenn das Rezensieren schlechter Bücher schlecht für den Charakter ist, wie W. H. Auden meinte, habe ich während der letzten zwei Jahre der Arbeit an diesem Buch einen langen Urlaub genossen.

Jedes der hundert hier besprochenen Werke musste sich die Frage gefallen lassen, worin bitte schön seine Größe nach ästhetischen Kriterien besteht, aber auch die Frage nach dem, wofür es steht – musste also gleichermaßen befriedigende Antwort geben auf das Kriterium der Repräsentativität wie der Relevanz. Doch ein Kanon ohne Jonathan Swift, Molière, Heinrich Heine, Herman Melville, Kurt Tucholsky, Italo Svevo, Primo Levi, Thomas Bernhard und Max Frisch? Auch beim Kanon-Spiel gilt die Regel »Kill your darlings«, die Thomas Pynchon angehenden Autoren für ihr Schreiben mit auf den Weg gab. Und wie sieht's mit der Männer- und Frauenquote in meinem Kanon aus? Hans Magnus Enzensbergers schlagfertige Antwort auf die Frage nach der Geschlechterparität in den Künsten ist auch die meine: »Beschweren Sie sich beim Patriarchat!« Ich war nicht bereit, Rabatt aufgrund Geschlechtszugehörigkeit oder Nationalität zu gewähren. Aber wenn ich Platz für Frauen und für Autoren aus Afrika, Südamerika, Asien und Australien in einem zeitgenössischen Kanon schaffen will, müssen europäische Männer für sie weichen – die berühmten DWEM: Dead White European Males. Die genannten neun Autoren standen wieder und wieder auf meinem Zettel für »das nächste« Kanonkapitel. Doch jedes Mal wurden sie zugunsten von Autoren wie Inger Christensen, Clarice Lispector oder Derek Walcott, die ich in diesem Moment spannender und origineller fand, zurückgestellt und zu meinem eigenen Schrecken am Ende verdrängt. Und nicht nur sie. Was ist mit Samuel Johnson und Henry James? Mit Christa Wolf, Anna Seghers und Nelly Sachs oder mit Gottfried Benn, Uwe Johnson und Walter Kempowski? Und wo zum Teufel sind Christoph Martin Wieland, wo Racine und Gotthold Ephraim Lessing, wo Baudelaire und Wordsworth? Wo Ibsen und Ionesco? Und wieso lasse ich Charles Darwin zum Zug kommen und nicht Sigmund Freud? Das Kanon-Spiel kann sehr grausam sein. Mitunter erinnert es mich an eine andere Kinderfrage als die, die jeder Kanon stellt – die beliebte Frage, mit denen sich bedrückte Kinder beim Einschlafen vermutlich seit Jahrtausenden beschäftigen: Wenn dein Haus plötzlich in Flammen stünde, wen würdest du retten: Oma, Mama, Papa, deine Schwester oder deinen Hund?

Anmerkung der Herausgeberin: Denis Schecks Kanon umfasst insgesamt einhundert Werke der Weltliteratur, im Folgenden finden Sie einen Auszug von vier Werken.

Jane Austen: *Stolz und Vorurteil*

Einem populären Kritiker des letzten Jahrhunderts zufolge bestimmen zwei Themen die Literatur: Liebe und Tod. Schon ein kurzer Blick auf die Romananfänge Jane Austens lehrt, der Mann hatte unrecht. Liebe, Tod und Geld, müsste es heißen – zumindest bei Jane Austen. Denn wie beginnt etwa *Stolz und Vorurteil*? »Es ist eine weltweit anerkannte Wahrheit, dass ein alleinstehender Mann, der im Besitz eines ordentlichen Vermögens ist, nach nichts so sehr Verlangen haben muss wie nach einem Weibe. Sowenig die Gefühle und Ansichten solch eines Mannes bei seinem ersten Erscheinen in der Nachbarschaft auch bekannt sein mögen, diese Wahrheit ist derart fest verankert in den Gemütern der umgebenden Familien, dass er bereits als rechtmäßiges Eigentum der einen oder andern ihrer Töchter betrachtet wird.«

Wenn es ein Heilmittel gegen Liebeskummer gibt, dann sind es die Romane Jane Austens. Austens Stärke: Beziehungsanalysen. Wer mit wem wieso. Und wie lange. Und weshalb auf lange Sicht nicht. Das gefällt nicht jedem. Jane Austen hat schon immer gespalten. Der größte Jane-Austen-Hasser war sicher Mark Twain, den seine Abneigung gegen sie so weit trieb, dass er in einem Brief von 1898 bekannte: »Jedes Mal, wenn ich *Stolz und Vorurteil* lese, möchte ich sie ausbuddeln und ihr mit ihrem eigenen Schienbein eins über den Schädel hauen.« Ich aber finde nirgendwo größeres Leseglück als bei Jane Austen. Wie die andere große literarische Portalfigur an der Schwelle zu einem neuen Jahrhundert, Dr. Franz Kafka aus Prag, ist Jane Austen politisch in dem Sinne, dass ihre Sätze uns in unserem Wesen und unserer Wahrnehmung zu verändern imstande sind. So stark zu verändern, dass wir nach Lektüre Austens unsere Zeit anders sehen, ihre prägenden Strukturen anders ins Auge fassen, ihre bestimmenden Kräfte anders interpretieren. Jane Austen verändert Süd und Nord, Ost und West auf dem Kompass ihrer Leser. Nach Austen ist nichts wie vor Austen. Genau das ist der wahre Lackmustest für wirklich große Literatur. Und aus diesem Grund hat Jane Austen genau wie Franz Kafka mindestens so viele begeisterte Leser außerhalb der akademischen Welt wie innerhalb.

Jeder Leser wird sich in Elizabeth Bennet aus *Stolz und Vorurteil* verlieben. Wie sollte man auch nicht dem Charme und dem messerscharfen Verstand einer Figur erliegen, die im schönsten Englisch der Welt sagt: »There are few people whom I really love, and still fewer of whom I think well. The more I see of the world, the more am I dissatisfied with it; and every day confirms my belief of the inconsistency of all human characters, and of the little dependence that can be placed on the appearance of merit or sense.« Doch Liebe muss man sich im

Kosmos Jane Austens leisten können. Die Anfänge ihrer Romane lesen sich denn auch wie Immobilienpornos. Ob in den frühen Werken wie *Verstand und Gefühl* oder *Stolz und Vorurteil* oder im Spätwerk mit *Mansfield Park* oder *Emma*, Jane Austen führt ihre Hauptfiguren quasi immer mit einer Bankauskunft ein, gerade so, als würde ein Dagobert Duck Romane schreiben. »Worin besteht denn beim Heiraten der Unterschied zwischen Käuflichkeit und Klugheit? Wo endet Besonnenheit und wo beginnt Habsucht?«, fragt Elizabeth Bennet. Sehr zu Recht wurde Austen deshalb einmal die »erste marxistische Autorin« genannt. Sie darauf zu reduzieren wäre allerdings ein kapitaler Fehler, schreibt Austen doch in *Northanger Abbey* mit schöner Ironie, der Roman sei »lediglich jene schlichte Kunstform, in welcher in der ausgesuchtesten Sprache unter Aufbietung der größten Verstandeskräfte die gründlichste Menschenkenntnis, die trefflichsten Schilderungen menschlicher Vielfalt und die lebhaftesten Hervorbringungen von Geist und Witz der Welt mitgeteilt werden«.

Im 1813 erschienenen Roman *Stolz und Vorurteil* erzählt Jane Austen von zweien, die sich im ersten Anlauf verfehlen. So wortwitzig brillant die Dialoge, so reich das Tableau der Nebenfiguren ist – man denke nur an den sarkastischen Mr Bennet oder den in seiner tumben Ichfixiertheit unerträglichen Pfarrer Collins –, die Hauptbühne des Romans gehört Elizabeth und dem geheimnisvollen Mr Darcy. Dabei kann die zwanzigjährige Elizabeth, zweitälteste der fünf Bennet-Töchter, den ebenso reichen wie meinungsstarken Fitzwilliam Darcy zunächst nicht ausstehen: »Von Anfang an, ich möchte fast sagen, vom ersten Augenblick unserer Bekanntschaft an«, lässt Austen ihre Hauptfigur im 34. Kapitel ziemlich genau in der Mitte des Romans gestehen, »haben Ihre Manieren, die mir lückenlos Ihre Anmaßung, Ihren Eigendünkel, Ihre selbstsüchtige Verachtung für die Gefühle anderer bewiesen, das Fundament von Missbilligung geschaffen, auf dem die folgenden Ereignisse meine unverrückbare Abneigung aufrichten konnten. Ich habe Sie noch nicht einen Monat lang gekannt, als ich schon wusste, dass Sie der letzte Mann auf der Welt sind, den zu heiraten ich mich entschließen könnte.«

Es wird weitere 250 Seiten dauern, bis Elizabeth Bennet und Fitzwilliam Darcy zueinanderfinden. Auf dem Weg dahin müssen beide ihren Stolz überwinden, ihre Vorurteile revidieren, ja mit der für sie, die sich beide für Meister der Beobachtung und Empathie halten, schmerzlichen Einsicht umgehen lernen, dass sie den anderen in seinem Verhalten und seinen Motivationen komplett falsch beurteilt haben. Elizabeth Bennet und Darcy lernen im Verlauf des Romans quasi neu lesen – sich selbst und die Gesellschaft, in der sie leben.

Jane Austen: *Stolz und Vorurteil*
Deutsch von Andrea Ott
Manesse, 524 Seiten, Zürich, 2003.

Charles M. Schulz: *Peanuts*

Mein ganzes Leben habe ich Comics geliebt. Nur einen Comic habe ich gefürchtet: Charles M. Schulz' *Peanuts*. Und das aus gutem Grund.

Als Kind lösten keineswegs alle Comics Freude in mir aus. Öde galten mir etwa die biederen Füchse aus *Fix und Foxi*. Ganz unten auf meiner Beliebtheitsskala standen die *Lurchi*-Hefte, von deren eigentümlich riechenden Papierseiten das Miasma von verlorenem Krieg, verquerem Rassismus und Kadavergehorsam in meine Nase stieg, sodass selbst noch der unsaubere Rhythmus des berühmten Schlusssatzes – »Lange schallt's im Walde noch: Salamander lebe hoch!« – ein Echo ganz anderer, noch nicht gar so lange verklungener Heilrufe und Stiefeltritte transportierte.

Welche aber die guten Comics waren, dafür besaß ich als Kind ein feineres Gespür als heute. Ganz sicher zählten die Entengeschichten rund um Dagobert Duck von Carl Barks in der Übersetzung von Dr. Erika Fuchs dazu. Ich hatte eine

Schwäche für *Die Minimenschen* aus der Feder von Pierre Seron, für *Spirou und Fantasio* von André Franquin und natürlich für dessen *Gaston*. Meine Comics versetzten mich in einen allen Natur- und Klassengesetzen hohnsprechenden Rausch des Möglichen, einen Rausch, der, wenn ich ehrlich bin, bis heute nicht vollkommen abgeklungen ist. Rührt mein Glaube an die Veränderbarkeit des Menschen von dem geheimnisvollen Meteoriten der *petits hommes*, der sie, anders als Supermans Kryptonit, nicht paralysiert, sondern in ihnen ungeahnte Kräfte freisetzt, ein aus ihrer Andersartigkeit erwachsendes Selbstbewusstsein, das aus kleinen Leuten wirklich freie Menschen macht? Jedenfalls zweifelte ich sehr lange, wahrscheinlich zu lange in meinem Leben keine Sekunde an der Möglichkeit, reich zu werden wie Dagobert Duck: Mit jeder ins Sparschwein gesteckten Münze sah ich mich schon in meinem eigenen Geldspeicher wie ein Maulwurf durch Goldberge pflügen und mir mit Lust die Taler auf den Kopf prasseln lassen! Zwar gelang es mir nie, wie Lucky Luke schneller zu ziehen als der eigene Schatten; mit einer Hand eine Zigarette zu drehen ließ sich aber durchaus erlernen. Und lässt sich meine Arbeit als Literaturkritiker heute nicht als Mischung zwischen den Tätigkeiten des Redaktionsboten Gaston und des Reporters Fantasio betrachten?

Als Kind begeisterten mich nicht nur Funnies, sondern auch Superhelden- und natürlich Gruselcomics. Echte Angst in mir hervorzurufen, vermochte aber nur ein kleiner, nahezu kahlköpfiger Junge mit abstehenden Ohren namens Charlie Brown. Diese Angst, deren Nachbeben ich bis heute spüre, rührt vom Einzigen her, was in unter wie über Zehnjährigen tatsächlich Furcht und Schrecken auslösen kann: dem Erwachsenwerden mit seinem schaurigen Gefolge, dem Wissen um Sex und Tod und Vergeblichkeit.

Die *Peanuts*, die ja ursprünglich *Li'l Folks* hießen, sind in der Tat *petits hommes* und vom Kosmos der harmlosen Minimenschen so himmelweit entfernt wie Enid Blyton von Franz Kafka oder Imre Kertész. Sosehr ich den seine Lebensfreude tanzenden Beagle Snoopy liebte und die Idee, dass das Innere einer kleinen Hundehütte geräumig genug für einen Billardtisch und einen echten van Gogh ist, mehr noch: dass getreu dem Motto »Platz ist auf der kleinsten Hütte« das Dach von Snoopys Behausung Schauplatz von endlosen Luftkämpfen mit dem Roten Baron, mit komischen Vögeln, ja sogar einer Begegnung mit Beagles auf dem Mond sein konnte – so sehr erschreckten, quälten und verunsicherten mich die spezifischen Regeln des Umgangs in der Welt der Peanuts. Lucy und Linus, Sally und Charlie, Schroeder und Peppermint Patty, Snoopy und all die anderen waren liebenswürdig, aber eben auch gemein, niederträchtig, schadenfreudig und gehässig, beherrscht von Launen und dunklen Wünschen, uneingestandenen Ambitionen und unerfüllten Sehnsüchten. Mit anderen Worten: Sie waren erwachsen.

Die Sorgen und Nöte der Peanuts sind kein billiger Ersatz, kein im kindgerechten Maßstab verkleinertes Modell der Menschenwelt, sondern das reale Welttheater kleiner und großer Leute selbst. Und das hat Konsequenzen. Nicht nur für den Seelenhaushalt kindlicher Comicleser. Wenn Charlie Brown darüber nachgrübelt, warum er sich nicht ein kleines bisschen verändern kann: »Why can't I change just a little bit?«, wird ihm durch Lucy van Pelt eine bündige und unzweideutige Antwort zuteil, die aus dem Wurm des Selbstzweifels einen Drachen zu machen vermag, eine Antwort jedenfalls, die trostloser nicht ausfallen könnte: »You were doomed from birth«, sagt Lucy zu Charlie Brown – du bist von Geburt an verdammt. Es sind solche Antworten mit Anklängen an die Erbsünde, Antworten der Art, wie sie auch Samuel Beckett bereithält, die Seelenstärke erfordern. Als Kind besaß ich diese Seelenstärke nicht. Heute muss ich mich um sie bemühen.

Charlie Brown wird das kleine rothaarige Mädchen ohne Namen nie für sich gewinnen. Auf ihn wartet nicht nur ein Leben mit einer unerfüllten und vermutlich unerwiderten Liebe, sondern ein Leben ohne Erfolg und ohne Freunde. *Peanuts* lesen ist eine Einübung in die Kunst, zu verlieren, ohne zu resignieren. Charles M. Schulz vermag aber auch Niederlagen zu schildern, die vor ihm noch nie jemand ins Visier genommen hat. Wenn er beispielsweise Linus Milch über seine Cornflakes gießen und ihn dann in die Bibliothek stürzen lässt, um rasch eine passende Lektüre zu finden, ehe die Cornflakes aufweichen. In der ersten deutschen Übersetzung sucht Linus nicht wie im Original Charles Dickens' *Bleak House* und Henry Fieldings *Joseph Andrews*, sondern Thomas Manns *Buddenbrooks* und Arno Schmidts *Zettel's Traum*. Ich war dreizehn Jahre alt, als ich diesen Strip zum ersten Mal las. Wenige Wochen zuvor hatte mir ein literarischer Übersetzer von einem Schriftsteller namens Arno Schmidt erzählt. Ohne diesen Übersetzer, ohne Charles M. Schulz und ohne Linus' Cornflakes hätte ich gewiss nie *Zettel's Traum* gelesen.

In einer Sprechblase der *Peanuts* heute den Titel *Zettel's Traum* zitiert zu sehen löst in mir einen Flashback jenes Rauschs des Möglichen aus, der meine Kindheit ist. Wer weiß: Eines Tages wird Charlie Brown vielleicht doch das rothaarige Mädchen erobern. Eines Tages werden Lucy und Schroeder ein Paar. Eines Tages werden aus kleinen Leuten freie Menschen.

Charles M. Schulz: *Peanuts*
Werkausgabe
Carlsen, Hamburg, 2006.

Ingeborg Bachmann: *Malina*

»Es war Mord!«

Dies ist der wohl berühmteste Schlusssatz eines Romans der deutschsprachigen Nachkriegsliteratur. Nach über 350 Seiten einer Dreiecksgeschichte im Wien der Gegenwart zwischen dem viel reisenden, aus Ungarn stammenden Ivan und einem bis zur Katatonie ruhigen Militärhistoriker namens Malina verschwindet die namenlose Ich-Erzählerin in einem Riss in der Wand ihrer Wohnung. Seither wird darüber nachgegrübelt, wer die Erzählerin auf dem Gewissen hat. Die patriarchale Gesellschaft? Die Zeitläufe des an Gräueln so reichen 20. Jahrhunderts? Der kaltherzige Liebhaber Ivan? Der passiv zuhörende Malina? Oder nicht doch die Prägungen der Kindheit in einem Elternhaus, dessen Erziehung auf den ersten Blick einen wundervollen Menschen hervorgebracht hat, auf den zweiten jedoch ein einziges Unglücksprogramm war? Oder sind die Erzählerin, Ivan und Malina nicht Facetten ein- und derselben Person?

Malina besteht aus einer Vorrede und drei langen Kapiteln. »Glücklich mit Ivan« und »Von letzten Dingen« heißen der erste und der letzte Teil. Der auch formal anspruchsvollste und rätselhafteste Part trägt die Überschrift »Der dritte Mann«. Darin tritt neben Malina und Ivan nun »der Vater« auf, doch auch wenn Ingeborg Bachmann ihren Roman *Malina* immer wieder als »eine geistige, imaginäre Autobiographie« bezeichnet hat, so muss man vor Kurzschlüssen auf die Lebensgeschichte der 1926 in Klagenfurt geborenen Bachmann warnen. Gewiss, Ingeborg Bachmanns Vater trat 1932 als Österreicher in die NSDAP ein, was sie zu Lebzeiten nie explizit thematisiert hat. Genau wie ihre unglücklichen Liebesgeschichten mit Paul Celan und Max Frisch gehört das zum autobiografischen Hallraum von *Malina*. Doch Bachmanns Ambition in diesem Roman geht viel weiter. »Mein Vater hat jetzt auch das Gesicht meiner Mutter«, heißt es in diesem zweiten Kapitel einmal, und gleich zu Beginn: »Der Ort ist diesmal nicht Wien. Es ist ein Ort, der heißt Überall und Nirgends. Die Zeit ist nicht heute. Die Zeit ist überhaupt nicht mehr, denn es könnte gestern gewesen sein, lange her gewesen sein, es kann wieder sein, immerzu sein, es wird einiges nie gewesen sein.«

Ingeborg Bachmann will in *Malina* nichts weniger als von den Prägungen einer Intellektuellen im 20. Jahrhundert schreiben. Wie viel an ihrem Leid individuell gesucht und zu verantworten ist, wie viel dagegen strukturell mit ihrem Frausein zusammenhängt, davon handelt dieses auch heute, fast fünfzig Jahre nach seinem Erscheinen noch beunruhigende Buch.

»Mein Vater ist zufällig noch einmal nach Hause gekommen. Meine Mutter hat drei Blumen in der Hand, es sind die Blumen für mein Leben, sie sind nicht rot, nicht blau, nicht weiß, doch sind sie für mich bestimmt, und sie wirft die erste vor meinen Vater hin, ehe er sich uns nähern kann. Ich weiß, daß sie recht hat, sie muß sie ihm hinwerfen, aber ich weiß jetzt auch, daß sie alles weiß, Blutschande, es war Blutschande, aber bitten möchte ich sie um die anderen Blumen doch, und ich sehe meinen Vater in meiner Todesangst an …«

In diesem zweiten Kapitel imaginiert Ingeborg Bachmann sich in wechselnde Opferbiografien hinein: Mal ist wie hier die Rede von einer »Blutschande«, also von Inzest, mal wird beschrieben, wie das vier- oder fünfjährige Kind der Erzählerin erschossen wird. Die Gewaltszenen steigern sich bis zur Unerträglichkeit, gipfelnd in der Beschreibung des Vergastwerdens. Darin liegt bis heute eine nicht geringe Zumutung von *Malina*: »Mein Vater nimmt ruhig einen ersten Schlauch von der Wand ab, ich sehe ein rundes Loch, durch das es hereinbläst, und ich ducke mich, mein Vater geht weiter, nimmt einen Schlauch nach dem anderen ab, und eh ich schreien kann, atme ich schon das Gas ein, immer mehr Gas. Ich bin in der Gaskammer, das ist sie, die größte Gaskammer der Welt, und ich bin allein darin. Man wehrt sich nicht im Gas. Mein Vater ist verschwunden, er hat gewußt, wo die Türe ist und hat sie mir nicht gezeigt, und während ich sterbe, stirbt mein Wunsch, ihn noch einmal zu sehen und ihm das Eine zu sagen. Mein Vater, sage ich ihm, der nicht mehr da ist, ich hätte dich nicht verraten, ich hätte es niemand gesagt. Man wehrt sich hier nicht.«

Man kann diese Aneignung der Opferrolle in der Gaskammer aus guten Gründen degoutant finden. Das dahinterstehende Leid ist aber in jedem Fall real. Und wer sprach in einem 1971 auf Deutsch veröffentlichten Roman überhaupt von Gaskammern? Tatsächlich geht Bachmann in diesem Roman so radikal an die Grenzen des Sagbaren über Ängste, Begehren, Sehnsüchte und Albträume, dass der Text bis heute nicht nur nichts von seiner Anstößigkeit verloren hat, sondern im Gegenteil eher obszöner erscheint: »Man hält es nicht für möglich, aber außer ein paar Betrunkenen, ein paar Lustmördern und anderen Männern, die auch in die Zeitung kommen, bezeichnet als Triebverbrecher, hat kein normaler Mann mit normalen Trieben die naheliegende Idee, daß eine normale Frau ganz normal vergewaltigt werden möchte.«

Ingeborg Bachmann hat bis zu ihrem dreißigsten Lebensjahr einige der schönsten Gedichte in deutscher Sprache nach 1945 geschrieben: auch *Die gestundete Zeit* oder *Anrufung des Großen Bären* hätten Bachmann ihren Platz in meinem Kanon gesichert. Was mir an Ingeborg Bachmann heute jedoch am meisten imponiert, ist ihr früher und unbedingter Wille, als junge Autorin zu reüssieren. Sie ist das literarische Pendant zu Gerhard Schröder, der am Zaun des Kanzleramts rüttelt und ruft: »Ich will da rein!« Bachmann wusste, dass sie für sich als Dichterin eine Persona entwerfen musste, dass wer im von ihr »Mordschauplatz« genannten Literaturbetrieb Wirkung erzielen will, etwas von sich geben muss – und sie war bereit, diesen Preis dafür zu bezahlen. Wie hoch der Preis dafür wirklich war, darüber denkt sie in *Malina* nach. Das zweite Kapitel endet mit den Sätzen:

»Es ist immer Krieg.
Hier ist immer Gewalt.
Hier ist immer Kampf.
Es ist der ewige Krieg.«

Ingeborg Bachman: *Malina*
Suhrkamp, 362 Seiten, Berlin, 2011.

Guillermo Cabrera Infante: *Drei traurige Tiger*

»*Showtime!* Meine Damen und Herren. *Ladies and gentlemen.* Einen *wunder*schönen Abend Ihnen allen, meine Damen und Herren. *Good-evening, ladies & gentlemen.* Tropicana, der FABELhafteste Nachtclub der Welt … *»Tropicana«, the most fabulous nightclub in the* WORLD … präsentiert … presents … seine *neue* Revue … *its new show* … in der Künstler von kontinentalem Ruhm … *where performers of continental fame* … Sie alle mitnehmen werden … *will take you all … to the wonderful world of supernatural beauty of the Tropics* … in die wunderbare, außergewöhnliche und herrliche Welt der Tropen … Die Tropenwelt für *Sie*, liebe Landsleute … (…) Herzallerliebestes Publikum, Volk Kubas, dieses *aller*schönsten Landes, das Menschenaugen je geschaut, wie schon der Entdecker Colón sagte (nicht der Colón von Colón, Castillo y Campanario, unseren allseits bekannten Bankrotteuren, nein … Hahahahaaa. Sondern Cristobal Colón, der mit der mit den Karavellen!) Liebes Volk, liebes Publikum, liebe Gäste, entschuldigen Sie mich für einen Augenblick, während ich mich in der Sprache *Scheckspeares, in English*, an die erlesenen Besucher wende, die *bis zum allerletzten Platz* diese Hochburg der Liebe und der Lebensfreude füllen. Ich möchte mich, wenn es mir die sprichwörtliche Liebenswürdigkeit des hochverehrten kubanischen Publikums erlaubt, an unsere RIIIIEsige amerikanische Besucherschar wenden: an die ehrenwerten und strahlenden Touristen, die das Land der *gay senyoritas and brave caballerros* besuchen … *For your exclusive pleasure, ladies and gentlemen, our Good Neighbours, you that are now in Cuba, the most beautiful land human eyes have ever seen, as Christofer Colombus, The Discoverer, said once, you hap-py visitors, are once and for all welcome. Wel*COME *to Cuba!*«

Was für ein Romananfang! Welch souveränes Hin und Her zwischen drei Sprachen, drei Kulturen, drei literarischen Hallräumen. Diese polyfone Conference als Romananfang ist zugleich eine Kampfansage: an James Joyce, an Marcel Proust, an Gertrude Stein und Virginia Woolf und all die anderen großen Prosainnovatoren des 20. Jahrhunderts. Hier betritt einer den Ring und will es mit ihnen aufnehmen – ach was, sie niederringen und übertreffen. Guillermo Cabrera Infante ist 35 Jahre alt, als er den Premio Biblioteca Breve, einen der wichtigsten Literaturpreise der spanischsprachigen Welt, für das noch unpublizierte Manuskript von *Drei traurige Tiger* erhält, einen Roman, dessen Titel auf einen populären Zungenbrecher zurückgeht: »Tres tristes tigres triscaban trigo. En tres tristes trastes de trigo. Triscaban trigo tres tristes tigres.«

Der großartige Übersetzer Wilfried Böhringer hat der Versuchung widerstanden, Cabrera Infantes Roman auf Deutsch »In Ulm und um Ulm herum …« zu nennen, aber für des Spanischen mächtige Ohren lösen »Tres tristes tigres« ähnliche Assoziationen aus. Drei Jahre wird es dauern, bis das Manuskript von *Drei traurige Tiger* die Zensur passiert und der Roman auf Kuba erscheinen kann, doch der Friede zwischen dem zunächst für die Revolution begeisterten Guillermo Cabrera Infante und dem die Künstler immer mehr in den Dienst der Partei stellenden Fidel Castro hält nicht lang: Bald schon wird Cabrera Infante für einige Jahre auf den Posten eines Kulturattachés in Brüssel abgeschoben, noch vor dem Erscheinen seines Romans verlässt er 1965 endgültig Kuba und geht ins Exil, erst nach Madrid, später nach London.

Drei traurige Tiger spielt während der letzten Tage der Batista-Diktatur 1958 und erkundet sowohl das Nachtleben wie die Nachtseite Kubas. So fragmentiert die Handlung, so disruptiv für jeden Erzählstrom die souverän gehandhabte Collagetechnik, lassen sich doch einige Hauptfiguren ausmachen, von denen manche auch in der furiosen mehrsprachigen Eingangsconference im Nachtclub Tropicana vorgestellt werden: Wir begegnen etwa einem amerikanischen Touristenpaar, den Campbells, die ihr Vermögen den gleichnamigen Suppen zu verdanken haben, dem Illustriertenfotografen Codac, einem literaturbegeisterten Journalisten namens Silvestre, einer in ihrem eigenen Fett versinkenden Mulattin namens Estrella, die wunderschön singt, dem Schauspieler Arsenio Cué und dem nie fassbaren geheimnisvollen Bustrófedon, einem genialen Wortspieler, der in freier Rede zu genialen Stilpersiflagen in der Lage ist und dem Cabrera Infante acht glänzende Parodien in den Mund legt, in denen Bustrófedon die Ermordung Trotzkis in Mexiko schildert und dabei die Schreibweisen von acht zum Zeitpunkt der Entstehung des Romans teilweise noch lebenden kubanischen Autorinnen und Autoren imitiert. *Drei traurige Tiger* ist vor allem eines: ein Stimmenwirbel, so bunt, aufregend und vielfältig wie der Alltag in Kuba selbst, ein in Bann schlagender Katalog von Sprechweisen und Redensarten, so individuell wie ein Fingerabdruck. Guillermo Cabrera Infante zieht in seinem Hauptwerk noch einmal alle Register dessen, was sich Autoren im Lauf der Jahrhunderte einfallen ließen, um ihre Leser zu überraschen: Da wird jemand erschossen, und zwei ganz schwarz gedruckte Seiten symbolisieren das erlöschende Bewusstsein unseres Ich-Erzählers, später werden uns »Ein paar Enthüllungen« versprochen, und es folgen eine Reihe leerer Seiten, dann finden wir auf Seite 311 eine Seite über einen Witz, die auf Seite 312 exakt spiegelverkehrt gesetzt wiedergegeben wird, und eine der schönsten Stellen des Romans schildert die Verzwergung eines Wirts mit den Stilmitteln der Emblematik aus der Barockliteratur: Wir sehen einen Sprachstrudel auf der Seite, gebildet aus immer kürzer werdenden Zeilen in immer kleinerem Schriftgrad, bis der schrumpfende Wirt buchstäblich verschwindet:

Und der Wirt wurde kleiner und kleiner, sofern das überhaupt
noch möglich war, schrumpfte unglaublich zusammen, der Mann,
zum Däumling oder Kleinfingerling, so klein wie mein
kleiner Finger, und der ist weiß Gott klein genug, ein
umgekehrter Flaschenteufel war das, der immer
kleiner und kleiner wurde, winzig klein,
klitzeklitzeklein, bis er kaum noch zu
sehen war, und schließlich und
endlich in einem Mauseloch
verschwand, seinem Zwerg-
mauseloch, ganz weit
hinten, down and
away in
einem
Loch
mit
o

Guillermo Cabrera Infante: *Drei traurige Tiger*
Deutsch von Wilfried Böhringer
Suhrkamp, 539 Seiten, Frankfurt am Main, 1990.

ERFAHRUNGEN

Aus Politik und Zeitgeschichte

Philipp Gut
Jahrhundertzeuge Ben Ferencz

Mehr als ein Anfang

Als ich Benjamin B. Ferencz im März 2018 das erste Mal traf, hätten wir beide nicht gedacht, dass sich daraus eine intensive Zusammenarbeit und schließlich sogar eine Biografie entwickeln würde. Vermittelt durch die damalige liechtensteinische Außenministerin Aurelia Frick, die Ferencz von seinem völkerrechtlichen Engagement bei der UNO in New York kannte, besuchte ich ihn für einen Zeitschriftenartikel an seinem Zweitwohnsitz in Delray Beach, Florida. Er wohnte dort in den Wintermonaten in einer Seniorensiedlung mit kleinen Bungalows und künstlich angelegten Teichen. Doch die Gespräche mit ihm verliefen gleich so animiert, dass er bald die beiläufige Bemerkung fallen ließ, ich hätte ja schon fast das Material für ein ganzes Buch beisammen. Das war zwar reichlich optimistisch, aber der Gedanke ließ mich nicht mehr los. Der alte Mann war mir auf Anhieb sympathisch, und die Faszination, aber auch der Respekt für sein außergewöhnliches Leben wuchsen, je mehr ich davon erfuhr. Das positive Echo auf den journalistischen Bericht über ihn ermunterte mich dann dazu, das Projekt in Angriff zu nehmen. Ferencz sicherte sofort seine Unterstützung zu, obwohl er wusste, dass es auch für ihn einige Arbeit bedeuten würde. Dabei ging es ihm nie um seine Person – er war in seiner langen Karriere schon genug im Rampenlicht gestanden –, sondern um die Weiterverbreitung seiner Ideen und Anliegen.

Was er propagierte, ging unmittelbar aus seinen eigenen Erfahrungen hervor. Im Jahr 1947 – mit gerade einmal siebenundzwanzig – war er nämlich Chefankläger im größten Mordverfahren der Geschichte geworden. Bei den Nürnberger Nachfolgeprozessen brachte er hochrangige SS-Offiziere vor

Gericht, die im Zweiten Weltkrieg mit ihren Killerkommandos – den sogenannten Einsatzgruppen – in der von der Wehrmacht eroberten Sowjetunion über eine Million Menschen ermordet hatten. Mit der Verfolgung der Täter sah der brillante Jurist seine Mission jedoch mitnichten als beendet an. Er setzte sich in der Nachkriegszeit im Rahmen der Wiedergutmachungspolitik der Bundesrepublik vehement für die Entschädigung der Opfer des Nationalsozialismus ein und gehörte zu den maßgeblichen Promotoren des Internationalen Strafgerichtshofs in Den Haag. Das alles gehörte für ihn untrennbar zusammen. Nürnberg war ein Meilenstein der Rechtsgeschichte – aber die damals angestoßene Entwicklung musste weitergehen.

Der Ideenreichtum und die Konsequenz, mit denen Ferencz seine weit gesteckten Ziele verfolgte, beeindruckten mich tief. Ich empfand es als Privileg, einem der letzten großen Augenzeugen der Weltkriegsepoche zu begegnen, der, wie er selbst sagt, einen »Blick in die Hölle« getan hat – und seither alles daransetzte, eine Wiederholung solcher Gräuel zu verhindern. Hörte ich ihm zu, wie er auf seine unverwechselbar lebendige und anschauliche Art den ungeheuren Erfahrungsschatz seines beinahe hundertjährigen Lebens ausbreitete, kam es mir vor, als ob ich im Theater der Geschichte in der ersten Reihe säße.

Die folgende Darstellung beruht – neben Ferencz' Studien und den autobiografischen Aufzeichnungen, die er unter dem Titel *Benny Stories* im Internet veröffentlicht hat – auf zwei Hauptquellen. Zum einen auf ebenjenen Gesprächen, die ich im März 2018 und nochmals Ende Januar 2019 mit Ferencz in Florida geführt habe. In den mehrtägigen Treffen verblüffte er mit seiner mentalen Frische und einem annähernd fotografischen Gedächtnis. Im Hintergrund lauschte seine Frau Gertrude, die an Alzheimer litt. Er kümmerte sich liebevoll um sie, nebst einer Krankenpflegerin, die regelmäßig vorbeikam. An den Diskussionen beteiligte sie sich nicht mehr; aber wenn er etwas Lustiges erzählte, lachte sie unverhofft mit. Sie kannten und liebten sich nun schon seit über achtzig Jahren. Zu diesem Zeitpunkt war Ferencz längst der letzte lebende Chefankläger der Nürnberger Prozesse und ihr lebendiges Symbol. Es ist nicht unbedingt selbstverständlich, dass er mich in diesem hohen Alter empfangen hat – und so die Leserinnen und Leser an seinen Erinnerungen und Gedanken teilhaben lässt.

Die zweite wichtige Quelle ist das umfangreiche Privatarchiv, das Ferencz dem United States Holocaust Memorial Museum (USHMM) in Washington vermacht hat. Es umfasst Briefe, Tagebücher, offizielle Dokumente, Zeitungsausschnitte, Fernseh- und Radiointerviews, Fotografien und anderes. Im Januar 2019 durfte ich mich während des »Government Shutdown« in die dort lagernden Schätze vergraben, Originale sichten und Mikrofilme kopieren.

In Amerika genießt Ben Ferencz so etwas wie einen Kultstatus – zum Beispiel als Held mehrerer Fernseh- und Kinodokumentationen. Da sein Werdegang aber aufs Engste mit der deutschen Geschichte verknüpft ist, scheint es an der Zeit, dass er nun auch im deutschen Sprachraum jene Aufmerksamkeit erhält, die er meiner Ansicht nach verdient.

Der Prozess

Sensationsfund »Ereignismeldungen UdSSR«

Der große Durchbruch gelang um den Jahreswechsel 1946/47. Frederick Burin, einer der begabten jungen Rechercheure, stürmte aufgeregt in Bens Berliner Büro. Er präsentierte einen sensationellen Fund. In einem Aktenstapel aus den Kanzleien des untergegangenen Reichs war er auf ein umfangreiches Konvolut von Geheimberichten gestoßen. Sie trugen den harmlosen Titel »Ereignismeldungen UdSSR« und dokumentierten die mörderischen Aktivitäten der Einsatzgruppen, Spezialeinheiten der SS unter Reichsführer Heinrich Himmler. Kontrolliert wurde die mobile Elitetruppe vom Reichssicherheitshauptamt (RSHA) Reinhard Heydrichs, sie kooperierte aber auch eng mit der Wehrmacht. Gegliedert in vier Gruppen von je circa fünfhundert bis achthundert Mann, operierte sie im gesamten von den Deutschen eroberten Gebiet der Sowjetunion, vom Baltikum (Einsatzgruppe A) bis zum Schwarzen Meer (Einsatzgruppe D). Sie sollte für »politische Sicherheit« im rückwärtigen Raum der Front sorgen, doch ihr geheimer Auftrag lautete, alle zu töten, die die Deutschen in diesem Weltanschauungskrieg als ihre Feinde betrachteten: vor allem die Juden und kommunistische Funktionäre, aber auch Roma, psychisch Kranke und andere »Minderwertige«. Die regelmäßig verfassten Aufzeichnungen beginnen am ersten Tag nach dem Start der »Operation Barbarossa« am 22. Juni 1941 und erstrecken sich über einen Zeitraum von fast zwei Jahren. Das Besondere war, dass die Täter darin selbst peinlich genau festhielten, wie viele Menschen sie töteten. Ab Mai 1942 erschienen die Berichte in veränderter Form als »Meldungen aus den besetzten Ostgebieten«.

Ben stockte der Atem. Er realisierte sofort, dass die Papiere, die sein Team in den Trümmern der ehemaligen Reichshauptstadt entdeckt hatte, von unschätzbarem Wert waren – historisch und ermittlungstechnisch. Denn alles war hier fein säuberlich notiert: wo die Verbrechen stattgefunden hatten, wie viele Opfer sie forderten, ja sogar, welche Einheiten sie verübten und wer das Kommando führte. »Das ist eine Chronik des Massenmords«, zuckte es ihm durch den Kopf, »und ich habe die Beweise in der Hand.« Die Existenz der »Ereignismeldungen« war im Hinblick auf eine strafrechtliche Untersuchung der Vorgänge umso entscheidender, als die Spannungen zwischen den USA und Stalins UdSSR zunahmen: Es war schwieriger geworden, belastende Dokumente aus der Sowjetunion zu bekommen. Ben hatte sogar einmal den Versuch unternommen, gemeinsam mit der sowjetischen Militärverwaltung einen Prozess aufzuziehen, aber nachdem sie anfänglich Interesse signalisiert hatten, zogen sich die Russen zurück. Der Druck auf seine Leute, in den übrig gebliebenen NS-Aktenbeständen in Berlin fündig zu werden, war gestiegen. Nun lagen die Belege auf dem Tisch.

Ursprünglich dachte er, die Einsatzgruppenberichte seien im

Gestapohauptquartier gefunden worden. Doch der aus der Schweiz stammende Burin teilte ihm mit, sie hätten sich in Archivmaterialien des Auswärtigen Amts befunden. Es handelte sich um zwölf Leitz-Ordner mit Mimeografien der Originalreporte. Das Reichssicherheitshauptamt schickte jeweils Kopien an ausgewählte hochrangige Verwaltungsdienststellen, vor allem innerhalb, aber auch außerhalb der SS-Bürokratie. Die entdeckten Papiere waren ein fast vollständiges Set solcher Duplikate – und das einzige, das erhalten geblieben ist. Die kanadische Historikern Hilary Earl, Verfasserin der ersten Monografie über den Einsatzgruppenprozess (2009), bestätigt Bens spontanen Eindruck und spricht von einer »Goldgrube von Informationen«, deren Bedeutung für die Geschichte des Nationalsozialismus nicht überschätzt werden könne. Erst ab dem Jahr 2011 wurden sämtliche Berichte in einer dreibändigen Dokumentationsreihe von einem Forscherteam um Klaus-Michael Mallmann und Martin Cüppers von der Universität Stuttgart ediert. Insgesamt gab es 195 tägliche »Ereignismeldungen« und 55 wöchentlich erschienene »Meldungen aus den besetzten Ostgebieten«; zusammen füllten sie beinahe 4500 Schreibmaschinenseiten. Das RSHA kompilierte die Rapporte, die die Kommandostäbe der Einsatzgruppen von ihren Einheiten erhalten und an die Berliner Zentrale übermittelt hatten, zu einem makabren Mix disparater Inhalte. Die Exekutionsbilanzen waren fast beiläufig eingestreut, als handelte es sich um ganz normale Vorgänge. Sie standen scheinbar selbstverständlich neben politischen, ökonomischen, kulturellen oder ethnologischen Beobachtungen.

Typisch ist etwa die »Ereignismeldung UdSSR Nr. 89« vom 20. September 1941. Sie hatte, wie alle diese Dokumente, einen standardisierten Aufbau. Als Absender stand oben links »Der Chef der Sicherheitspolizei und des SD«. Unter Datum und Ort (Berlin) mit dem Stempel »Geheime Reichssache!« war vermerkt, wie viele Ausfertigungen es gab (48) und um welche davon es sich bei der vorliegenden Kopie handelte (36). Der Bericht war in drei Kapitel gegliedert: »Politische Übersicht«,

»Meldungen der Einsatzgruppen und -kommandos«, »Militärische Ereignisse«. An Bemerkungen über die »stark musikalisch bestimmte Dorfkultur« in der Ukraine schließen nahtlos die Sätze an: »Arbeitsgebiete der Kommandos judenfrei gemacht. Vom 19. 8. bis 25. 9. wurden 8890 Juden und Kommunisten exekutiert. Gesamtzahl 17 315. Z. Zt. [Zurzeit] wird Judenfrage in Nikolajew und Cherson gelöst.« Die Aussagen beziehen sich auf die Einsatzgruppe D.

Noch über die blutigsten Gemetzel wurde in trockenem Verwaltungsdeutsch referiert. Die »Ereignismeldung UdSSR Nr. 106« mit Datum vom 7. Oktober 1941 berichtet unter der Rubrik »Exekutionen und sonstige Maßnahmen« über das berüchtigte Massaker von Babi Jar: »In Zusammenarbeit mit dem Gruppenstabe und 2 Kommandos des Polizeiregiments Süd hat das Sonderkommando 4a [der Einsatzgruppe C] am 29. und 30. 9. 33 771 Juden exekutiert.« Die Aktion sei »reibungslos« verlaufen: »Irgendwelche Zwischenfälle haben sich nicht ergeben.« Die gegen die Juden durchgeführte »›Umsiedlungsmaßnahme‹« habe durchaus die Zustimmung der lokalen Bevölkerung gefunden. Dass die Juden tatsächlich liquidiert worden seien, sei bisher kaum bekannt geworden – und »würde auch nach den bisherigen Erfahrungen kaum auf Ablehnung stoßen«. Von der Wehrmacht seien die »durchgeführten Maßnahmen ebenfalls gutgeheißen« worden.

Die wissenschaftlichen Herausgeber der »Ereignismeldungen« sprechen von einer »herausragenden historischen Quelle«, die ein breites Spektrum der deutschen Herrschaft mit der Judenvernichtung als zentralem Element abbilde. Dabei komme ihnen auch eine eigenständige Bedeutung für die Ereignisse selbst zu, »da sie als Medium der Mordpraxis dazu beitrugen, den keineswegs klar vorgezeichneten Übergang zum Genozid möglich zu machen«. Im Laufe des »Unternehmens Barbarossa« lässt sich feststellen, dass die Rechtfertigungen für die Exekutionen immer unwichtiger werden – ein Indiz dafür, dass der Völkermord für die Täter allmählich zur Routine geworden ist.

Die Anklage in Nürnberg ging aufgrund von Aussagen beteiligter SS-Offiziere davon aus, dass es einen »Führerbefehl« zur massenhaften Vernichtung von Juden und Kommunisten gegeben habe. Lange waren auch Historiker trotz fehlender Überlieferung einer einschlägigen Quelle mehrheitlich dieser Meinung. Die jüngere Forschung bezweifelt dies. Sie neigt zur Ansicht, dass die Einsatzgruppen und ihre Subkommandos große Freiheiten genossen und diese rigoros für ein Mordprogramm ausgenutzt hätten, das mindestens so sehr von der Peripherie im Osten gestaltet, wie es aus Berlin befohlen worden sei. Hitler, Himmler, Heydrich hätten sich eher in vagen Andeutungen geäußert, die die Mitglieder der Einsatzgruppen mit dem Eifer von Überzeugungstätern erfüllt oder gar übererfüllt hätten. Tatsache bleibt jedoch, dass die »Endlösung der Judenfrage« eines der vorrangigen Ziele der nationalsozialistischen Politik war. Die Einsatzgruppen spielten dabei eine zentrale Rolle.

Ben erkannte das als Erster in seiner ganzen Dimension, als er die schockierenden Unterlagen in seinem Berliner Büro studierte. Er markierte die Ortschaften, die als »judenfrei« gemeldet wurden, und verschaffte sich einen Überblick über das ungeheure Ausmaß der kriminellen Akte. »Auf einer kleinen Rechenmaschine addierte ich die Zahl derer, die ermordet wurden. Als ich eine Million erreichte, hörte ich auf zu zählen.«

Chefankläger mit 27

Die Auswertung der Dokumente dauerte bis zum Frühjahr 1947. Sobald er sich alle nötigen Kenntnisse verschafft hatte, stieg Ben in ein Flugzeug nach Nürnberg, um Telford Taylor über die spektakulären Fundstücke zu informieren. Taylor war bei den Nürnberger Prozessen einer der Ankläger unter dem amerikanischen Chefankläger Robert H. Jackson und bereitete im Hintergrund eine Reihe weiterer Verfahren vor, die das »ganze Panorama der Nazikriminalität« *(Benny Stories)* aufzeigen sollten. »General, wir müssen einen neuen Prozess aufsetzen«, platzte Ben heraus. »Weshalb?«, wollte Taylor wissen. »Schauen Sie, was ich hier habe«, antwortete er und zeigte ihm die belastenden Schriften. Alles sei belegt, sogar die Namen der Mörder stünden in den Listen. Die Verantwortlichen müssten unbedingt zur Rechenschaft gezogen werden.

Taylors erste Reaktion enttäuschte Ben: Er erkenne zwar die große Relevanz des neuen Materials an, aber es gebe ein »administratives Problem«. Das Pentagon könne keine weiteren Prozesse führen. Die Ressourcen seien knapp. Auch in Deutschland schwinde die Unterstützung für das Kriegsverbrechertribunal. Ben hielt dagegen: Es lägen eindeutige Beweise vor, dass die Täter kaltblütig gemordet hätten, und ein Verfahren könne rasch durchgeführt werden. »Wir dürfen diese Massenmörder nicht davonkommen lassen!« In seiner Verzweiflung bot er an, falls niemand sonst zur Verfügung stünde, würde er den Job notfalls selbst übernehmen. Taylor schien einen Augenblick zu überlegen, dann erkundigte er sich, ob Ben dies zusätzlich zu seinen bestehenden Aufgaben schultern könne. »Natürlich«, versicherte er. »Okay«, sagte Taylor, »dann übernehmen Sie den Fall.« So wurde Ben Ferencz – nicht zuletzt zu seiner eigenen Überraschung – Chefankläger im umfangreichsten Mordverfahren, das je stattgefunden hatte. Er war der jüngste Staatsanwalt in Nürnberg und, was seine diesbezügliche Praxis betraf, komplett unerfahren: »Ich war 27 Jahre alt, und es war mein erster Gerichtsfall.«

Taylor hatte ursprünglich geplant, einen Extraprozess gegen führende SS-Vertreter aus den Bereichen Sicherheit, Nachrichtendienst und Polizei zu führen, doch die beschränkten Mittel ließen ihn davon wieder Abstand nehmen. Mit der Entdeckung der Einsatzgruppenprotokolle veränderte sich die Ausgangslage: Der Fokus verschob sich auf diese spezielle Tätergruppe, und die Dringlichkeit einer Strafuntersuchung wurde angesichts der Schwere der Taten und der Beweiskraft der neu entdeckten Dokumente so groß, dass er dem leidenschaftlichen Insistieren seines von ihm sehr geschätzten Mitarbeiters nachgab und ihn gleich auch noch zum Chefankläger beförderte.

Im Mai 1947 zog Ben mit seiner Frau ins Frankenland um. Oberstleutnant Bill Wuest übernahm die Aufsicht über das Berliner Büro. Er versprach, Ben anzurufen, wenn es irgendwelche Schwierigkeiten geben sollte. In der Stadt Fürth, direkt neben Nürnberg, bezog das Ehepaar eine kleine Villa, die die amerikanische Armee requiriert hatte. Sein Generalsrang hätte Ben zum Bezug einer großzügigeren Residenz ermächtigt, aber das Haus gefiel ihm. Das Grundstück grenzte an eine weite Wiese, im Hintergrund floss die Pegnitz. Ben liebte den gepflegten Garten, wo er in seiner Freizeit selbst Hand anlegte. Ein alter deutscher Gärtner namens Ludwig, der in einem ihm unverständlichen fränkischen Dialekt sprach, half ihm dabei. Über den Versuch des Amerikaners, unter einem Baum etwas Tomaten und Eisbergsalat für seine Sandwiches zu züchten, lachte er nur. Ben zog daraus den Schluss, dass die Kenntnisse, die der Alte im Gemüseanbau besaß, in diesen Zeiten der Not wichtiger waren als alles, was er in Harvard gelernt hatte. Doch die Gelegenheit, sein juristisches Können zu beweisen, kam bald.

Die Auswahl der Angeklagten

Einer der ersten Schritte bei der Vorbereitung des Prozesses war die Sicherung der Ordner mit den »Ereignismeldungen«. Die Dokumente wurden in einem Sack der US-Post verschlossen und ins Berlin Document Center (BDC) im Stadtteil Zehlendorf gebracht. Das BDC – angesiedelt in einer größtenteils unterirdischen Anlage, die im Krieg eine Abhörstation von Görings Reichsluftfahrtministerium beherbergt hatte – diente als Aufbewahrungsstelle für Unterlagen aus der Zeit des Nationalsozialismus, die im Hinblick auf die Nürnberger Prozesse gesammelt wurden. Neben Personalakten der SS, Korrespondenzen und anderen Materialien befand sich auch die Mitgliederkartei der NSDAP in den Beständen des Centers.

Der nächste Schritt bestand darin, die Beweisdokumente mit den Aussagen der Täter abzugleichen, die noch lebten und in Gewahrsam genommen worden waren. Nur sie konnten schließlich vor Gericht gebracht werden. Aber wen sollte Ben überhaupt anklagen? Es gab insgesamt etwa dreitausend Mitglieder der Einsatzgruppen, die praktisch jeden Tag damit zugebracht hatten, wehrlose Männer, Frauen und Kinder umzubringen. Allen Tatverdächtigen konnte er unmöglich den Prozess machen.

Ben und seinen Mitarbeitern gelang es dennoch, eine fast vollständige Liste der Einsatzgruppen-Offiziere zu erstellen. Kopien davon wurden an alle alliierten Kriegsgefangenenlager geschickt, mit der Aufforderung, die Verdächtigen zu melden und nach Nürnberg zu überstellen. Einige der SS-Führer befanden sich bereits dort; auf sie griff man zuerst zurück. Die Anzahl der Massenmörder, die angeklagt werden konnten, hing neben den beschränkten Finanzmitteln von der Ausstattung des Gerichtssaals im Nürnberger Justizpalast ab. Keiner der dreizehn Prozesse konnte mehr als vierundzwanzig Angeklagte aufnehmen – aus dem einfachen Grund, dass die Anklagebank nur vierundzwanzig Plätze hatte. Es sei leider unvermeidlich gewesen, dass viele Fische, darunter große, durch die Maschen des Netzes schlüpfen konnten, erzählt Ben. Die Nürnberger Tribunale hatten nie die Absicht verfolgt, mehr als eine kleine Gruppe der größten Nazi-Straftäter vor Gericht zu bringen. »War das gerecht?«, fragt er – und gibt die Antwort gleich selbst: »Ich wählte vierundzwanzig Verdächtige zur Anklage aus. Ich hätte dreitausend Täter überführen können. Wo ist die Gerechtigkeit? Das war nicht Gerechtigkeit. Es war eine Auswahl, ein Muster, um der Welt zu zeigen, was geschehen war, und um ein paar der Verantwortlichen zur Rechenschaft zu ziehen.« Gerechtigkeit bleibe leider immer unvollständig.

Jenseits dieser Sachzwänge definierte er zwei Kriterien für die Auswahl der Angeklagten: die Höhe des Dienstgrades und die Bildung. Einfache, schlecht ausgebildete Männer sollten eher davonkommen, denn Verantwortung beginne ganz oben. Die Männer, die er nach diesen Vorgaben vor Gericht brachte, gehörten mitunter zu den höchsten SS-Chargen. Sie stammten aus guten Verhältnissen, genossen eine fundierte Ausbildung und stiegen im nationalsozialistischen Deutschen Reich aufgrund ihrer Fähigkeiten sowie ihrer unbedingten Loyalität zur Regierung rasant auf.

Der Hauptangeklagte – und zugleich »die interessanteste und herausforderndste Persönlichkeit« unter den Beschuldigten – war Otto Ohlendorf, SS-Brigadeführer und Kommandeur der Einsatzgruppe D. 1907 geboren, wuchs er auf einem Gutsbetrieb in der Nähe von Hildesheim auf. Sein Vater war ein Nationalliberaler alter Schule und aktiv in der Deutschen Volkspartei. Der junge Ohlendorf interessierte sich früh für die organisatorischen und ökonomischen Zusammenhänge auf dem väterlichen Gut. Er absolvierte ein Studium der Rechts- und Staatswissenschaften an den Universitäten Leipzig und Göttingen, danach dozierte er am Institut für Weltwirtschaft in Kiel und an der Handelshochschule Berlin. Ein Jahr verbrachte er in Mussolinis Italien, »um das faschistische System und die faschistische Philosophie des internationalen Rechts zu studieren«, wie er in der Zeugenbefragung vor dem Kriegsverbrechertribunal angab. 1925 trat er in die NSDAP ein, 1927 in die SS. Ohlendorf startete eine steile Karriere im NS-Machtapparat, baute Himmlers Sicherheitsdienst (SD) auf, wurde dort Wirtschafsreferent und 1939 Amtschef III (SD-Inland) im neu gegründeten RSHA. Nach seinem Einsatz in der Sowjetunion als Leiter der Einsatzgruppe D, der von Juni 1941 bis Juni 1942 währte, wurde er zum stellvertretenden Staatssekretär und später zum Ministerialdirektor im Reichswirtschaftsministerium von Walther Funk berufen. Im Mai 1945, als der Nazistaat schon in den letzten Zügen lag, war er de facto Wirtschaftsminister in der geschäftsführenden Regierung von Admiral Dönitz in Flensburg. Bald darauf wurde er verhaftet.

Der Anklage gelang es, neben Ohlendorf auch die drei Kommandeure der anderen Einsatzgruppen vor Gericht zu bringen. Heinz Jost, Brigadeführer und Generalleutnant der Polizei, leitete die Einsatzgruppe A. Auch er war Jurist und führendes Mitglied der SS-Verwaltung. 1933 wurde er Polizeipräsident in Worms, später in Gießen. 1934 setzte er seine Laufbahn im Imperium Himmlers fort. Zügig stieg er zum Amtschef im SD-

Hauptamt, dann im RSHA auf. Im August 1939 beauftragte ihn Heydrich, polnische Uniformen zu beschaffen, die für den fingierten Überfall auf den Sender Gleiwitz benötigt wurden. Hitler nahm dies zum Vorwand, um den Angriff auf Polen zu befehlen. Neben der Kommandantur der Einsatzgruppe A übernahm Jost von März bis September 1942 die Befehlsgewalt über Sicherheitspolizei und SD »Ostland« in Riga.

Der Dritte im Bunde war Erich Naumann, Chef der Einsatzgruppe B. Er war ursprünglich Prokurist und in der SA für Hochschulbelange zuständig. 1935 wechselte er zur SS und arbeitete in deren Sicherheitsdienst. Im SD-Hauptamt in Berlin leitete er eine Abteilung unter dem in Nürnberg mitangeklagten Jost. Später war er Inspekteur der Sicherheitspolizei und des SD. Beim deutschen Überfall auf Polen befehligte er ebenfalls schon als Einsatzgruppenleiter im Rahmen des »Unternehmens Tannenberg« eine Formation zur »Bekämpfung aller reichs- und deutschfeindlichen Elemente rückwärts der fechtenden Truppe«. Zu seinen Aufgaben zählte die Vernichtung der polnischen Intelligenz. Ab Sommer 1941 gehörte er zum Stab der Einsatzgruppe B, deren Kommando er im November übernahm. Von September 1943 bis Juli 1944 leitete er die Sicherheitspolizei und den SD in den Niederlanden.

Der vierte SS-Führer, den Ben auf die Anklagebank schickte, hieß Otto Rasch; er befehligte die Einsatzgruppe C. Rasch war ein fulminanter Akademiker mit zwei Doktortiteln in Politischer Ökonomie und Rechtswissenschaften. In Leipzig war er als Anwalt tätig und beriet verschiedene Unternehmen. Nach Hitlers Machtergreifung wurde er Bürgermeister in Radeberg und Oberbürgermeister in Wittenberg. Für die Gestapo und den Sicherheitsdienst arbeitete er ab 1939 in führenden Positionen in Frankfurt am Main, Linz, Prag und Königsberg; in Ostpreußen zeichnete er verantwortlich für das Haft- und Vernichtungslager Soldau. Am 31. August 1939 leitete er den SS-Überfall auf das Forsthaus Pitschen – eine Operettenoffensive wie beim Sender Gleiwitz, die eine Invasion der polnischen Armee vortäuschen sollte. Die Einsatzgruppe C kommandierte er von ihren Anfängen bis Oktober 1941. Er gab den Befehl für das Massaker von Babi Jar. Bis zum 20. Oktober meldeten seine Einheiten rund 80 000 »Sonderbehandelte«, lies: Ermordete.

Unter den übrigen Angeklagten ragt, was seine geistige Kapazität betrifft, Franz Six hervor. Der spätere Anführer des Sonderkommandos 7c in der Einsatzgruppe B (»Vorkommando Moskau«) machte eine akademische Blitzkarriere, promovierte mit fünfundzwanzig Jahren über »Die politische Propaganda des Nationalsozialismus« (1934) und wurde mit achtundzwanzig Professor für Zeitungswissenschaft in Königsberg, später Dekan der Auslandswissenschaftlichen Fakultät und Leiter des Auslandswissenschaftlichen Instituts in Berlin. Six fungierte als Presseleiter im SD-Hauptamt und als Amtschef im RSHA. Unter Himmler war er verantwortlich für »weltanschauliche Forschung«. Den Holocaust an den europäischen Juden unterstützte er vor allem durch die Entwicklung von Propagandamaterialien, aber auch mit Logistiklösungen. Mit Gestapochef Heinrich Müller – laut Auschwitzkommandant Rudolf Höß der »eiskalte Vollstrecker« aller Befehle Himmlers – arbeitete er an den »staatspolizeilichen Vorbereitungen« des Überfalls auf Polen. Im Juni 1941 übertrug ihm Heydrich die Leitung des »Vorkommandos Moskau«. Im September 1942 wechselte Six ins Auswärtige Amt unter Joachim von Ribbentrop. Dort leitete er die Kulturpolitische Abteilung, die sich der Propaganda widmete – seinem Dissertationsthema.

Zu den Auffälligkeiten in den Lebensläufen der Angeklagten gehört, dass sich zahlreiche Juristen darunter befanden, neben den drei Genannten auch Walter Blume, Martin Sandberger, Werner Braune, Walter Haensch, Gustav Nosske, Erwin Schulz (Studium nicht abgeschlossen) und Eduard Strauch. Ihre Kenntnisse auf diesem Gebiet hinderten sie nicht daran, die krassesten Rechtsverletzungen zu begehen. So lobte der Generalkommissar für Weißruthenien, Wilhelm Kube, den »extrem fähigen [...] Dr. jur. Strauch« im Juli 1943, es sei auch dank ihm gelungen, »in den letzten 10 Wochen 55 000 Juden zu liquidieren«.

Das Handwerk des Tötens beherrschten nicht nur Juristen und Ökonomen. Waldemar Klingelhöfer war ein musisch begabter Massenmörder – vor seiner Karriere als SS-Offizier war er Opernsänger gewesen. Der Gymnasiallehrer Eugen Steimle stammte aus strenggläubig-pietistischem Elternhaus, Ernst Biberstein amtete sogar als evangelischer Theologe und Pastor. Paul Blobel, der selbst in dieser Galerie von Massenmördern als besonders skrupellos galt, war Maurer und Zimmermann gewesen, bevor er im Sicherheitsdienst Karriere machte. Adolf Ott engagierte sich vor seiner SS-Laufbahn bei der Deutschen Arbeitsfront, Waldemar von Radetzky machte eine Lehre bei einer Speditionsfirma, Felix Rühl war Gerichtsangestellter, Heinz Schubert besuchte eine Höhere Handelsschule und ließ sich dann von einer Anwaltskanzlei anheuern. Matthias Graf verdiente sein Geld zunächst als Kaufmann, Emil Haussmann als Volksschullehrer. Sie alle wurden von der SS-Spitze auserkoren, weil man sie für geeignet hielt, den schmutzigsten Job zu erledigen, der im Vernichtungsfeldzug gen Osten zu vergeben war.

»Schmerz und Hoffnung«

Von den vierundzwanzig Beschuldigten schieden zwei vorzeitig aus dem Verfahren aus. Kurz nachdem er wie alle übrigen die Anklageschrift erhalten hatte, beging Emil Haussmann am 31. Juli 1947 in seiner Zelle Suizid. Dr. Dr. Otto Rasch entging der Strafe, weil er schwer erkrankte. Sein Anwalt, Hans Surholt, erschien eines Tages in Bens Büro mit der Bitte, er möge die Anklage gegen seinen Mandanten fallen lassen, dieser leide an Parkinson und sein Körper zittere. »Wenn ich so viele Menschen getötet hätte wie er, würde es mich auch schütteln«, antwortete Ben. Solange Rasch noch atme, werde er ihn nicht entwischen lassen. Zum Prozessauftakt wurde der ehemalige Kommandeur der Einsatzgruppe C auf einer Bahre in den Saal getragen. Doch die zunehmende krankheitsbedingte Schwäche bewahrte ihn vor der Verurteilung. Am 5. Februar 1948 wurde er aus dem Verfahren entlassen, neun Monate später starb er.

Die eigentliche Verhandlung begann am 15. September 1947, im Schwurgerichtssaal 600 des Nürnberger Justizpalastes, mit der Verlesung der Anklage in der Tradition des angelsächsischen Strafprozessrechts. Sie umfasste bei allen Beschuldigten drei Punkte: Verbrechen gegen die Menschlichkeit, Kriegsverbrechen und Mitgliedschaft in einer verbrecherischen Organisation. Die Beschuldigten wurden gefragt, ob sie von diesen Anklagepunkten Kenntnis hätten, sie verstünden – und ob sie sich »schuldig« oder »nicht schuldig« bekennen würden. Obwohl die Beweislast erdrückend war, behauptete jeder, er sei nicht schuldig im Sinne der Anklage.

So richtig los ging es dann zwei Wochen später, am 29. September, als Ben Ferencz die Hauptverhandlung mit der Präsentation der Anklage eröffnete. Der holzgetäfelte Gerichtssaal, in dem zwei Jahre zuvor schon der Prozess gegen die Repräsentanten der obersten Nazi-Führungsetage stattgefunden hatte, lieferte die Kulisse für ein Justizdrama, wie es die Menschheit in der Wahrnehmung der Zeitgenossen noch nicht gesehen hatte. Die Nachrichtenagentur AP berichtete vom »größten Mordprozess der Geschichte« und von »History's Worst Killers«.

Für die Angeklagten waren, in erhöhter Position, zwei Sitzreihen reserviert, die von einer Abschrankung aus Massivholz abgeschlossen wurden. Vor ihnen saßen, einige Stufen tiefer, ihre Verteidiger, fast ausnahmslos ehemalige Mitglieder der Nazipartei. Die drei amerikanischen Richter, gehüllt in schwarze Roben, thronten gegenüber. Hinter ihnen war ein Sternenbanner aufgestellt. Die Vertreter der Anklage nahmen, seitlich verschoben, den Mittelraum ein, sodass sie mit Richtern und Angeklagten ein imaginäres Dreieck bildeten. Die Weltpresse und interessierte Zuschauer, darunter Gertrude, beobachteten das Geschehen aus dem Hintergrund. Jeder Platz verfügte über einen Kopfhörer, zwischen den Sprachen Englisch und Deutsch wurde simultan übersetzt.

Die Stimmung im Saal beschreibt Ben als »ruhig und sehr konzentriert«: »Es gab keinen Applaus, keine Buhrufe, kein

Lachen, nichts.« Im Publikum hätten kaum Deutsche gesessen. Diese seien nur am Verfahren gegen Göring und die anderen führenden Nationalsozialisten interessiert gewesen, aber kaum mehr an den Nachfolgeprozessen. Auch Angehörige von Opfern hätten selten an der Verhandlung teilgenommen. Für strenge Sicherheit war gesorgt: Die Angeklagten wurden mit einem Lift aus dem unterhalb des Gerichtssaals liegenden Gefängnis direkt zur Anklagebank transportiert, bewacht von Soldaten der amerikanischen Armee in Uniformen und mit weißen Helmen.

Der Vorsitzende Richter Michael Musmanno übergab Ben das Wort. Mit ruhiger und klarer Stimme brachte er sein Statement vor, immer wieder schweifte dabei sein Blick vom Manuskript zu den Zuhörern. Wandte er den Kopf nach links, sah er in die Gesichter der Angeklagten, die finster dreinblickten, aber »sehr normal« ausgesehen hätten. Auf die Frage, wie es gewesen sei, in die Augen dieser Massenmörder zu blicken, sagt Ben: »Es gab keine Reaktion von ihnen, und keine Reaktion von mir. Ich erhob nie die Stimme, ich schrie sie nicht an. Ich war eiskalt.« Es sei ihm einzig und allein um die Fakten gegangen, wie sie in den Einsatzgruppenberichten dokumentiert gewesen seien. Um sich nicht ablenken und beeinflussen zu lassen, habe er nichts Privates über die Täter wissen und sie außerhalb des Gerichtssaals nicht sehen wollen.

Für einen Zwischenfall sorgte der Angeklagte Strauch. Er stand von seinem Sitz auf und verschwand plötzlich aus dem Blickfeld. Die militärischen Wachen stürmten mit erhobenen Knüppeln zu ihm hin: Er lag, sich windend, am Boden – augenscheinlich hatte er einen epileptischen, vielleicht auch psychogenen Anfall erlitten.

In seinem »Eröffnungsplädoyer für die Vereinigten Staaten von Amerika« stellte Ben in souveränen Strichen die wesentlichen Züge des Falls aus Sicht der Anklage dar. Nach einer allgemeinen Einführung sprach er über die weltanschaulichen Motive der verhandelten Verbrechen, den Aufbau und die Organisation der Einsatzgruppen, über einzelne ihrer Aktionen, die rechtliche Basis des Prozesses, die drei Anklagepunkte und schließlich über die persönliche Verantwortung der Täter.

Der junge Chefankläger war sich der historischen Bedeutung des Moments bewusst. Gleich im ersten Satz – der in den alten Filmaufnahmen allerdings nicht erscheint; die Kamera lief erst danach – rückte er das Tribunal in eine übergeordnete, auf die Zukunft gerichtete Perspektive: »Wenn wir hier das vorsätzliche Massaker an mehr als einer Million unschuldiger und wehrloser Männer, Frauen und Kinder enthüllen, erfüllt uns dies mit Schmerz und Hoffnung.« Die Worte fassen im Kern seinen Zugang zum ganzen Prozess zusammen: Es ging ihm um etwas, »das viel wichtiger war, als eine Handvoll Mörder zu überführen«, wie er rückblickend sagt. Rache sei nicht das Ziel, auch nicht die Herstellung einer ausgleichenden Gerechtigkeit, betonte er in seinem Plädoyer. Nach seiner Überzeugung konnte es eine solche gar nicht geben: Das Unrecht lasse sich nicht beseitigen, indem man den Mord an mehr als einer Million Menschen mit dem Leben von zwei Dutzend Tätern aufwiege. Aber das Tribunal könne helfen – darauf gründete seine Zuversicht –, solche Schrecken in Zukunft zu verhindern. Es solle ein Fundament legen für eine friedlichere Welt. Der Fall, den er vortrage, sei ein »Appell der Menschlichkeit an das Gesetz«. Die internationale Strafverfolgung müsse gestärkt werden, um das Recht jedes Menschen zu schützen, in Frieden und Würde zu leben – unabhängig von Rasse und Religion.

Die SS-Einsatzgruppen, Elitekommandos von Mördern in Uniformen, träten jeden Rechtsbegriff mit Füßen. Sie seien zu dem spezifischen Zweck geschaffen worden, Menschen zu vernichten, weil sie Juden gewesen oder von den Nazis aus anderen Gründen als minderwertig betrachtet worden seien. Ihre eigenen Berichte zeigten, dass die Gemetzel, die die Angeklagten veranstaltet hätten, nicht durch militärische Notwendigkeit diktiert gewesen seien, sondern durch die pseudodarwinistische Herrenmenschentheorie der Nazis. Die Taten seien die zielstrebige Umsetzung weitreichender Pläne gewesen, unerwünschte ethnische, nationale, politische und religiöse Gruppen zu zerstören.

Für diesen Vorgang führte Ben einen neuen Begriff in die Rechtsgeschichte ein, den »Genozid«. Was heute geläufig und Gegenstand einer breit akzeptierten UNO-Konvention ist, war damals noch unbekannt. »Genozid – die Vernichtung ganzer Kategorien von Menschen – war ein herausragendes Instrument der Nazidoktrin«, sagte er. In Punkt eins der Anklage (Verbrechen gegen die Menschlichkeit) wurden die SS-Offiziere beschuldigt, systematisch darauf hingearbeitet zu haben. Das Wort war eine Schöpfung des polnischen Flüchtlings und Anwalts Raphael Lemkin. Ben hatte ihn in den Hallen des Nürnberger Justizpalastes getroffen, wo Lemkin – der 1945/46 bereits dem Hauptanklagevertreter Robert Jackson assistiert hatte – mit wildem, verängstigtem Blick allen, die es hören wollten, von seinem Schicksal erzählte. Seine ganze Familie war von den Nazis ermordet worden. Aus Respekt vor ihm und der Gültigkeit seiner juristischen Argumente nahm Ben den Terminus in sein Nürnberger Plädoyer auf.

Neben dem Ziel, eine globale Rechtsordnung zum Schutz vor Verfolgung und Vernichtung aufzustellen, hegte die Anklage auch eine gewisse aufklärerisch-pädagogische Absicht. Sie stand im Kontext der amerikanischen Umerziehungspolitik (»Re-education«). »Deutschland ist ein Land der Ruinen, besetzt von fremden Truppen, die Wirtschaft ist verkrüppelt, die Bevölkerung hungert«, mahnte Ben. Den meisten Deutschen seien die Geschehnisse, die hier verhandelt würden, noch immer nicht bewusst. Sie müssten jedoch begreifen, was passiert sei, um die Ursachen ihrer gegenwärtigen Misere zu verstehen. Die präsentierten Fakten sollten dazu beitragen, dass das deutsche Volk das System, dem es vormals so enthusiastisch zugejubelt habe, richtig einschätze. An die Stelle eines verrückten Fetischs könnte dann ein »wahres Ideal« treten.

Er machte klar, dass das planmäßige Töten der SS-Truppen seinen Ursprung in der nationalsozialistischen Rassentheorie fand, wie sie ein Alfred Rosenberg formuliert hatte. Aus der Lehre von der arischen Überlegenheit und der Minderwertigkeit anderer Völker sei blutiger Ernst geworden. Bei einem Briefing kurz vor dem Überfall auf die Sowjetunion hätten Heydrich und Bruno Streckenbach, der Personalchef im RSHA, den Mitgliedern eingeschärft, es gehöre zu ihrem Auftrag, die Gegner des Nationalsozialismus auszumerzen. Dazu hätten nicht nur die kommunistischen Kommissare, sondern explizit auch die Juden gezählt. Die Zahl der ins Visier genommenen »Feinde« habe sich aber bald als so groß erwiesen, dass sie mit beiläufigen Maßnahmen nicht hätten zum Verschwinden gebracht werden können. Sie mussten »en masse« beseitigt werden. Ben rief dem Gericht in Erinnerung, dass die Einsatzgruppen aus höchstens 3000 Männern bestanden – eine sehr geringe Zahl im Vergleich zu der über eine Million Opfer, von der die Anklage ausging. Im Zeitraum von zwei Jahren hätten die vier Gruppen demnach jeden Tag durchschnittlich 1350 Menschen getötet.

Die schiere Menge der »Sonderbehandlungen« erforderte harte Arbeit und eine tadellose Organisation. Dabei bedienten sich die Mordkommandos gerne einer Täuschung: Sie gaben vor, die Juden würden bloß umgesiedelt. Stattdessen fuhren die Lastwagen mit ihrer menschlichen Fracht zu einem außerhalb der Städte liegenden Exekutionsplatz. Erschießungen waren die gewöhnlichste Form des Tötens. Ben zitierte in diesem Zusammenhang den bewegenden Bericht des deutschen Zivilisten Hermann Gräbe, der am 5. Oktober 1942 bei Dubno in der Ukraine Zeuge einer Massenhinrichtung geworden war. Gemäß seiner Beschreibung lagen die toten, teilweise aber auch noch lebenden Körper nackt in einer Grube. Er schätzte, dass rund 1000 Leichen übereinandergestapelt waren. Die vollständig entkleideten Opfer stiegen einige Stufen hinunter, die in die lehmige Grubenwand gehauen waren, und kletterten über die Köpfe der Hingerichteten bis zu der Stelle, die ihnen ein SS-Mann anwies. Mit einer Zigarette im Mund befahl er den Menschen, sich hinzulegen – und drückte mit seiner

Maschinenpistole ab. Bei dem Massaker liquidierte die SS die gesamte jüdische Bevölkerung der Stadt, rund 5000 Menschen.

Eine andere Vorgehensweise bestand in eigens umgerüsteten Last- oder Lieferwagen, deren Abgase in das Innere der Fahrzeuge geleitet wurden. Kamen sie am Zielort an, waren die meisten Opfer tot; manche lebten aber auch hier noch, die beschmutzten Körper ineinander verkrallt. Sie wurden herausgehoben und oft nur notdürftig in Massengräbern verscharrt. Geld, Schmuckstücke und andere Wertgegenstände nahm man ihnen ab. Die Summe der Beute wurde in den Meldungen an die Zentrale genauso akribisch vermerkt wie die Zahl der Toten.

Den Umfang der durch die Einsatzgruppen verübten Morde illustrierte Ben mit Beispielen aus den Akten. Die Einsatzgruppe A meldete im Oktober 1941 nach Berlin, sie habe bis dato 121 817 Personen ausgelöscht. Das Einsatzkommando 2 dieser Einsatzgruppe, das von Eduard Strauch geführt wurde, kam nach sechs Monaten auf ein Total von 33 970 Exekutionen.

Die Einsatzgruppe B rapportierte Mitte November 1941, knapp fünf Monate nach dem Beginn des »Unternehmens Barbarossa«, ein Zwischentotal von 45 467 Hinrichtungen. Ben präsentierte dem Gericht eine eidesstattliche Erklärung des Angeklagten Blume. Darin beschreibt der Standartenführer, wie er an Exekutionen in Witebsk und Minsk teilnahm. Dort seien jeweils zwischen siebzig bis achtzig Personen getötet worden. Sie wurden in Gruppen von ungefähr zehn Leuten vor einem Graben aufgestellt und mit Karabinern erschossen. Das Hinrichtungskommando bestand aus dreißig bis vierzig Männern. »Gnadenschüsse waren nicht nötig«, so Blume.

Auch die Einsatzgruppe C glänzte mit schaurigen Erfolgsmeldungen. Anfang November 1941 notierte sie, bis zu diesem Zeitpunkt seien ungefähr 80 000 Personen liquidiert worden. Der Report spart nicht mit Details über die Judenvernichtung in Kiew. Unmittelbar nach der Besetzung der Stadt hätten »Vergeltungsmaßnahmen« gegen die Juden mit ihren ganzen Familien stattgefunden. Die jüdische Bevölkerung sei auf

Wandplakaten aufgefordert worden, Kiew zu verlassen. Man habe mit 5000 bis 6000 Personen gerechnet, doch gekommen seien über 30000. Dank einer sehr geschickten Organisation hätten sie bis fast zuletzt geglaubt, sie würden bloß umgesiedelt. In Wahrheit erwartete sie das Massaker von Babi Jar.

Dabei tat sich Paul Blobel, der diese Aktion anführte, besonders hervor. »Die Tötung von 33 000 jüdischen Bewohnern von Kiew in nur zwei Tagen ragt unter den grausigen Rekorden der Einsatzgruppen heraus«, sagte Ben. Das Ereignis überfordere die menschliche Vorstellungskraft. Doch die Juden seien bei Weitem nicht der einzige Teil der Bevölkerung gewesen, der zur Vernichtung vorgesehen gewesen sei. Auch wenn es gelänge, sofort hundert Prozent der Juden auszuschalten, würde dies die Quelle der politischen Gefahr nicht beseitigen, heißt es in einer Nachricht der Einsatzgruppe C. Der bolschewistische Apparat stütze sich auf Russen, Georgier, Armenier, Polen, Ukrainer und andere – auch sie gerieten ins Visier der Killer, ebenso wie behinderte Menschen. Ben nannte das Beispiel eines Heims mit psychisch Kranken. Das Einsatzkommando 6 habe dort 800 Personen liquidiert.

Zuletzt erwähnte er die Einsatzgruppe D. Die Belegschaft ihres Hauptquartiers sitze auf der Anklagebank, sagte er und zeigte auf Kommandant Ohlendorf, Stellvertreter Seibert und Adjutant Schubert. In den ersten neun Monaten habe diese Gruppe mehr als 90000 Menschenleben ausgelöscht. Das entspreche einem Durchschnitt von 340 pro Tag. Zu den Opfern zählten Juden, Roma, Asiaten und weitere »Unerwünschte«.

Die abschließenden Passagen seiner Rede widmete Ben juristischen und moralischen Fragen. Sie waren ihm wichtig, um Legalität und Legitimität des Gerichtshofs zu untermauern. Er gründe auf internationalen Vereinbarungen von dreiundzwanzig Staaten und auf dem Gesetz Nr. 10 des Alliierten Kontrollrats vom 20. Dezember 1945. Letzteres schuf die Basis für die Strafverfolgung von Verbrechen, die im Nationalsozialismus mit Billigung von Staat und Partei begangen worden waren. Die amerikanischen Militärtribunale seien in Wirklichkeit international, betonte er – und mit Blick auf den Einsatzgruppenprozess: »Die Morde in diesem Fall wurden in bestimmten Städten und Dörfern begangen, aber die Rechte, die die Angeklagten verletzten, gehören allen Menschen, überall.« Dabei verwies er auf die Piraten und Straßenräuber früherer Jahrhunderte, als »Vorboten moderner internationaler Verbrechen«. Die Rechtslehre habe den Staaten bald zugestanden, sie zu bestrafen, unabhängig von der Nationalität der Opfer oder vom Tatort. Dass die Grundrechte des Menschen gegen Regimes verteidigt werden müssten, die sie auf schockierende Weise verletzten, sei längst anerkannter Teil des Völkerrechts, zitierte er Sir Hartley Shawcross, den britischen Hauptanklagevertreter beim Internationalen Militärgericht. Auch deutsche Professoren hätten dies in ihren Schriften deklariert. Die Fußnote im Manuskript seines Plädoyers erwähnt Johann Caspar Bluntschli und dessen Werk »Das moderne Völkerrecht der civilisierten Staaten« (1868). Bluntschli, einer der herausragenden Juristen seiner Zeit, machte zwar in Deutschland Karriere, war genau genommen aber Schweizer. Von ihm, als Völkerrechtler der ersten Stunde, ließ sich Ben begeistern, als er die Richter aufforderte, die Vorwürfe der Anklage »im Namen der Zivilisation« zu beurteilen.

Besonderen Wert legte er in diesem Zusammenhang auf die Unterscheidung zwischen den Anklagepunkten »Verbrechen gegen die Menschlichkeit« und »Kriegsverbrechen«. Auch wenn die Taten, die den Beschuldigten zur Last gelegt würden, in beiden Fällen identisch seien, handle es sich um unterschiedliche Straftatbestände. Zur Verdeutlichung dieser Differenz nannte er ein Beispiel aus dem üblichen Repertoire normaler Gerichte: Komme es bei einem Raubüberfall zusätzlich zu einer Körperverletzung, würden beide Verbrechen geahndet. So sei es auch hier: Die Tötung wehrloser Zivilisten sei ein Kriegsverbrechen, aber zugleich Teil eines anderen, größeren Verbrechens – des Genozids oder des Verbrechens gegen die Menschlichkeit. Letzteres könne in Kriegs- wie in Friedenszeiten auftreten, und die kriminelle Absicht richte sich dabei

»gegen die Rechte aller Menschen«, nicht nur gegen das Recht von Personen innerhalb einer Konfliktzone. Solche Taten allein als Kriegsverbrechen zu bezeichnen hieße, »ihre Inspiration und ihren wahren Charakter zu verkennen«. Dementsprechend sehe die Anklage die zentrale Bedeutung dieses Falls »im Schutz grundlegender Menschenrechte durch das Gesetz«.

Zugleich, so führte er weiter aus, wolle sie »eine Handvoll Männer für Taten verantwortlich machen, die sie allein wahrscheinlich nicht hätten begehen können«. Das werfe die Frage auf, nach welchen Maßstäben ihre Schuld zu bemessen sei. Hierzu brachte er einige Überlegungen vor, die nicht nur an die in ihren schwarzen Umhängen dasitzenden Richter, sondern auch an die Angeklagten adressiert waren, die mit ernsten, reglosen Mienen über die Kopfhörer der deutschen Übersetzung seiner Worte folgten. »Jedermann auf der Anklagebank hatte volle Kenntnis vom Zweck seiner Organisation«, sagte Ben, und alle Beschuldigten hätten eine Position der Verantwortung oder der Befehlsgewalt in einer Vernichtungseinheit innegehabt. Als militärische Führer seien sie an Gesetze gebunden gewesen, die alle bestens kennen würden, die eine Uniform trügen. Dazu gehöre die rechtliche und moralische Pflicht, im eigenen Kommandobereich Verbrechen zu verhindern. Die Tatsache, dass sie auf Befehl ihrer Regierung oder eines Vorgesetzten gehandelt hätten, befreie sie nicht von der Verantwortung für die kriminellen Taten.

Damit kam der Chefankläger zum Schluss. Auch wenn er so beherrscht auftrat wie zuvor, legte er in die letzten Zeilen seines Plädoyers doch eine besondere rhetorische Kraft: »Die Beschuldigten auf der Anklagebank waren die grausamen Exekutoren eines Terrors, der die dunkelsten Seiten der menschlichen Geschichte schrieb. Der Tod war ihr Instrument, und das Leben ihr Spielzeug. Sollten diese Männer ihrer Strafe entgehen, dann hätten Recht und Gesetz ihre Bedeutung verloren, und die Menschen müssten in Furcht leben.«

Valerie Schönian
Ostbewusstsein

Nachwendekind

Viele Jahre bevor ich zur Ostdeutschen werde, stehe ich an einer Magdeburger Straßenbahnhaltestelle und versuche zu verstehen, was ein lallender Herr mir sagen will. Der Mann, graue Haare, halbe Glatze, hat eine Tüte vom Discounter in der Hand. Er schaut auf mich, 14 Jahre alt, rot gefärbte Haare, Kapuzenpulli – und auf meine Freundin neben mir. »Was sagt ihr denn? Ihr Jungen?«, ruft er. »Bei euch jibt et doch schon keene Unterschiede mehr zwischen alten und neuen Ländern, oa was?«

Ob ich ihm antworte, weiß ich heute nicht mehr. Ich erinnere mich kaum noch an Details, außer dass es schon dunkel ist und der McDonald's auf der anderen Straßenseite noch geöffnet hat. Weil ich in dem Moment nicht ahne, dass dieser Mann eine Frage stellt, an die ich jemals wieder denken werde. Was ich aber noch weiß, ist, dass ich hoffe, dass meine Freundin nicht von mir wissen will, was mit »alten« und »neuen Ländern« gemeint ist.

Es ist das Jahr 2005. Deutschland denkt, die Wiedervereinigung sei lange her und das Gröbste geschafft. Doch den Herrn mit der Discountertüte in der Hand scheint im Verhältnis zwischen Ost- und Westdeutschland noch etwas zu bewegen. Und ich verstehe nicht einmal die Frage.

Ich bin in Magdeburg aufgewachsen. Geboren bin ich im Herbst 1990 in Gardelegen in Sachsen-Anhalt. Damit bin ich ziemlich genauso alt wie das wiedervereinigte Deutschland. Meine Geburtsurkunde wurde ausgestellt von der Deutschen Demokratischen Republik, der DDR, mein erster Impfpass trägt Hammer und Sichel. Ich gehöre zur ersten Ost-Generation, die Pampers trug statt Windeln aus Baumwolle. Nutella stand für mich immer ganz selbstverständlich neben Nudossi. Mit sieben Jahren fuhr ich mit meinen Eltern im Zug nach Disneyland Paris, mit 18 Jahren stieg ich das erste Mal in ein Flugzeug, das mich auf einen anderen Kontinent brachte. Begrenzende Mauern kenne ich nur von Bildern. Heute arbeite ich als Journalistin, in einer freien Presselandschaft, und lebe in Berlin, im Westteil der Stadt.

Ich habe als Jugendliche nie darüber nachgedacht, ob die Deutsche Einheit etwas mit mir zu tun hat. Ob das etwas bedeutet, in einem Staat geboren worden zu sein, der nicht mehr existiert. Und ob es etwas bedeutet, dass meine Mutter, mein Vater, meine Familie in diesem Staat groß geworden waren. Ich habe mich nicht weiter mit Ostdeutschland beschäftigt, wie viele.

Seit einigen Jahren ist etwas anders geworden. Ostdeutschland ist heute ein drängendes Thema. Nicht nur für mich, sondern für die ganze Republik. Und ich glaube, es wird mehr und mehr zu einem für meine Generation.

Ich meine die der ostdeutschen Nachwendekinder. Die Menschen, die um die Zeit der Friedlichen Revolution geboren und in einem wiedervereinigten Land groß geworden sind. Wir haben die DDR nicht mehr bewusst erlebt. Mit dem Osten zu tun haben wir trotzdem. Weil der nicht einfach verschwunden ist mit der Wende. Der Osten von heute ist mehr als das ehemalige Gebiet der DDR.

Damals an der Magdeburger Haltestelle war ich mir dessen nicht bewusst. Ich habe mich nicht ostdeutsch gefühlt.

Dann passierten ein paar Dinge, die das änderten.

Plötzlich Ossi

Wenn ich im Rückblick darüber nachdenke, wann es anfing, lande ich in Berlin, wohin ich nach meinem Abitur zog, um zu studieren. Dort wurde mir das erste Mal klar, dass es Unterschiede zwischen Ost und West gibt, weil ich Leute traf, die nicht wussten, was ein Polylux ist (westdeutsch: Overheadprojektor). Das war kein Problem. Eher lustig. Wie eben einige Leute mit dem Oktoberfest aufwachsen, andere mit dem Baumblütenfest. (In Magdeburg war es einfach: der Rummel.)

Mit 21 Jahren lebte ich für ein paar Wochen in Bayern, weil ich dort ein Praktikum absolvierte. Dabei hatte ich nicht den Gedanken, jetzt in »Westdeutschland« zu sein. Meine bayerischen Kolleginnen machten Witze über den grauen Osten, ich über den Versuch, unironisch Lederhosen zu tragen – alles war in Ordnung. Witze sind kein Problem, wenn alle Seiten einverstanden sind und sie auf Augenhöhe passieren. So fühlte es sich damals an.

Das änderte sich ab dem Herbst 2014, als ich für eineinhalb Jahre nach München zog. Obwohl ich mich da selbst bewusst noch nicht viel mit Ostdeutschland auseinandergesetzt habe, begann ich zu ahnen, dass irgendetwas nicht so in Ordnung ist, wie ich dachte. Eine bayerische Freundin fasste mir das, was sie in der Schule über die DDR gelernt hatte, so zusammen: Es war einmal ein schlimmer Staat, dank uns, den Westdeutschen, wurden die Leute gerettet, jetzt ist alles gut. Und dann begann zur selben Zeit auch noch Pegida in Dresden zu marschieren. Ich stand in München auf einer Gegendemo. Doch etwas unterschied mich von den Leuten um mich herum. Ich sah in den Demonstrierenden in Dresden Wütende. Viele andere, hatte ich das Gefühl, sahen zuallererst Ostdeutsche. Eine Freundin gestand mir, dass sie wegen Pegida in ganz finstere Klischees zurückfalle: »Die sind irgendwo tief in mir vergraben. Sodass ich denke: Scheiß Ossis! Ihr Jammerlappen, dass ihr euch immer noch benachteiligt fühlt!«

»Jammerlappen« dachte ich nicht. Aber so richtig verstand auch ich nicht, was dort los war in Ostdeutschland. Ab dem Herbst 2015, als Tausende Geflüchtete nach Deutschland einreisten und die Migrationspolitik die deutschen Wohnzimmertische erreichte, stritt auch ich mit meinen Eltern darüber. Ich war zu Besuch in Magdeburg, wir diskutierten über Flüchtlingspolitik, und mein Vater sagte, dass Migration eben reguliert werden müsse. Ich bekam Herzklopfen, vermutete Schlimmstes, wurde laut und schwor, zu Weihnachten nie wieder nach Hause zu kommen, sollte er jemals zu Pegida gehen oder die AfD wählen. Was mein Vater beides nicht tat und auch nicht tun wird. Er sagte da nur etwas, was mittlerweile für viele Menschen zu einem politischen Allgemeinplatz geworden ist. Ich jedoch wollte das nicht hören. Weil ich es unerträglich fand, Menschen Hilfe zu verweigern, obwohl man die Möglichkeit hätte, diese zu leisten (was ich immer noch finde). Aber ich wollte damals auch überhaupt nicht verstehen, woher die Skepsis kommt, die in Ostdeutschland zunächst größer war. Woher die Wut kommt, das Bedürfnis nach Protest. Das Gespräch mit meinen Eltern war schnell vorbei.

2016 zog ich zurück nach Berlin, und dort passierten mehrere Dinge gleichzeitig. Ich merkte, wie wenige sich für den Osten interessieren. Deshalb tat ich es umso mehr – ein bisschen aus Trotz. Je mehr ich meinen Blick auf den Osten richtete, desto mehr wurde mir das fehlende Interesse der anderen bewusst. Und desto mehr wuchs mein Lernbedürfnis. Danach, mich damit auseinanderzusetzen, warum die Ostdeutschen anscheinend immer noch irgendwie anders ticken.

Im März 2016 wurden neue Landesparlamente in Sachsen-Anhalt, Baden-Württemberg und Rheinland-Pfalz gewählt. In allen drei Ländern würde die AfD ins Parlament einziehen, das sagten die Umfragen voraus – und am stärksten sollte die Partei in Sachsen-Anhalt werden. Trotzdem bestimmten vor allem die westdeutschen Länder die Schlagzeilen.

Da gab es beispielsweise die Debatte um die Diskussionsrunden, in denen Politikerinnen vor einer Wahl gegeneinander antreten. In den Medien wurde breit über die Entscheidungen der beiden westdeutschen Landesoberhäupter Malu Dreyer und Winfried Kretschmann berichtet. Sie hatten erklärt, nicht an einer TV-Runde teilnehmen zu wollen, wenn auch die AfD beteiligt sei (Kretschmann änderte seine Entscheidung später).

In Sachsen-Anhalt entschied der MDR, die AfD trotz ihrer Umfragewerte nicht in die Runde zu laden: Auch das war eine Entscheidung, die diskutiert gehört. Doch das passierte in der bundesweiten Presse wenig. Ich weiß noch, wie ich mich irgendwann wunderte und nachschaute, ob es denn überhaupt ein solches Fernsehduell in Sachsen-Anhalt geben würde. Sechs Wochen vor der Wahl musste ich einem Bekannten aus Nordrhein-Westfalen, der politisch interessiert und informiert ist, erklären, dass im Osten auch gewählt werde. Ein Hamburger Bekannter begründete die Aufmerksamkeit für Baden-Württemberg damit, dass dort die Grünen das erste Mal stärkste Kraft werden könnten. Ich schaute ihn entgeistert an. In Sachsen-Anhalt wurde die AfD schließlich die zweitstärkste.

Ich wollte verstehen, was da eigentlich passiert in dieser Gegend, in der ich aufgewachsen bin. Wo fängt man da an? Zu Hause. Also suchte ich das Gespräch mit meiner Familie.

Meine Familie wählt nicht die AfD, geht nicht zu Pegida, niemand von ihnen bezeichnet die Medien als eine Lügenpresse. Meine Verwandten zählen nicht zu den Leuten, die vor die Kameras geschoben werden, wenn es um ostdeutsche Wut geht. Aber was mich von meiner Familie unterschied: Ich konnte nicht einmal ein bisschen verstehen, warum die Leute skeptisch waren oder besorgt.

Ich sah das so: Im Osten gab es quasi keine Geflüchteten, gegen die die AfD so vehement auftrat, und Deutschland ging es gut. Was war das Problem?

Je länger ich meiner Familie zuhörte und sie erklärte, desto mehr kam es, ein bisschen, bei mir an: Woher das alles rührt. Was hier, im Osten, in den vergangenen Jahrzehnten eigentlich abgegangen ist.

Ich verstand, dass man misstrauisch wird, wenn vieles anders kommt als versprochen. Ich verstand die Traurigkeit, die entsteht, wenn man den eigenen Leuten beim Gehen zusehen muss. Ich verstand den Trotz, den man entwickelt, wenn man endlich auch mal gehört werden will. Ich verstand, wieso man

Anerkennung für das Geleistete einfordert und mit Selbstbewusstsein über sein Leben reden will.

Ich verstand, dass nicht jedes Leben nach 1990 besser wurde. Meine Oma zum Beispiel hatte vorher alles, was sie brauchte. Dann wurde sie arbeitslos. Sie sagte, in der DDR habe sie besser gelebt, manchmal sehne sie sich zurück. Ich verstand auch meine Oma. Eine Tante erzählte mir, dass sie seit 40 Jahren arbeiten gehe, seit 25 Jahren Angst habe, ihren Job zu verlieren, und am Ende des Monats überlegen müsse, ob sie sich ihre Lieblingspralinen leisten könne. Als sie Angela Merkel sagen hörte, Deutschland gehe es gut und »wir schaffen das«, fragte sie sich: Wer ist »wir«?

Mir erschienen diese ganzen Gefühle sofort einleuchtend. Weil es meine Familie war, die mir diese Dinge erzählte. Und weil ich einige Folgen der Nachwendezeit natürlich selbst kannte: In Gardelegen, meiner Geburtsstadt, hatte beispielsweise einige Zeit zuvor der letzte Lebensmittelladen im Zentrum zugemacht. Die meisten Läden an der Hauptstraße sind jetzt geschlossen. Die Stadt hat die Besitzer aufgefordert, bunte Bilder in die Schaufenster zu stellen, damit das ein bisschen weniger auffällt.

Das erste Mal wurde mir in diesen Gesprächen bewusst, was es heißt, in einem anderen, jetzt umgestürzten System aufgewachsen zu sein. Das erste Mal sah ich durch meine Familie die *ostdeutsche Perspektive,* ohne mir dessen schon ganz bewusst zu sein.

Es war wie ein Vorhang, der sich öffnete. Die Leinwand wurde sichtbar. Der Saal gedimmt, die Popcorntüten knisterten, der Projektor ging an. Und auf der großen Fläche vor mir begann das Leben meiner Familie zu laufen. Die Kamera zeigte mir bekannte Szenen, aber in anderen Farben, aus anderen Winkeln, mit neuen Sinnzusammenhängen. Später merkte ich, dass ich in dieser Zeit gerade einmal den Vorspann sah. So viele Aha-Momente – und der Hauptfilm hatte noch nicht einmal begonnen. Ich sah zwar die *ostdeutsche Perspektive,* aber sie fühlte sich nicht wie meine eigene an.

Das änderte sich zum ersten Mal am 13. März 2016 – dem Abend der drei Landtagswahlen. Die AfD erhielt in Sachsen-Anhalt 24,2 Prozent der Zweitstimmen. Sie zog als zweitstärkste Kraft in den Landtag ein. Heute gehört das im Osten ja schon zur Regelmäßigkeit, damals war es das erste Mal. Da lief mein Heimatbundesland plötzlich doch auf allen Kanälen – ob Fernsehen, Radio oder Zeitungen. Und alle schienen überrascht zu sein.

Ich konnte es auch nicht fassen. Jede vierte Stimme. Ich dachte: Leute, so funktioniert das nicht! Auch wer enttäuscht ist und Veränderung will, kann keine rechtspopulistische Partei wählen.

Dann ging ich auf Facebook. Dort schrieben Menschen, die ich in den vergangenen Jahren in Berlin, Hamburg oder München kennengelernt hatte: »Schäm dich, Sachsen-Anhalt«, »Tja, was machste mit so Leuten« oder »Diese Hohlköpfe!«. Und da dachte ich: Leute, so funktioniert das aber auch nicht! Ihr könnt doch nicht jahrzehntelang wegschauen und dann alle Menschen eines Bundeslandes als Hinterwäldlerinnen abstempeln.

Ein paar Tage nach der Wahl unterhielt ich mich mit einem Westdeutschen, vielleicht 30 Jahre älter als ich, über das Wahlergebnis und versuchte zu erklären, was ich selbst gerade erst verstanden hatte. Gefühlte Sicherheit in der DDR, politischer Umsturz, neues Wirtschaftssystem, Abwanderung, Arbeitslosigkeit, Traurigkeit, Ohnmacht, Angst, Trotz.

Und dieser Mann sagte dann, ganz ernsthaft, wegen des Wahlergebnisses jetzt einen ganzen Bogen bis zur DDR zurückzuschlagen, das sei »Ossi-Gejammer«.

Ossi. Gejammer.

Meine Ossi-Werdung ist ein Prozess gewesen und ist es noch immer. Aber wenn ich gezwungen wäre, einen einzigen Moment bestimmen zu müssen, der mich zum Ossi gemacht hat, dann war es dieser.

Was mir im Gespräch mit meiner Familie unmittelbar eingeleuchtet hatte, bezeichnete dieser Mann als »Gejammer«. Da merkte ich: Offenbar haben er und ich eine völlig andere Perspektive. Einen anderen Blick auf die Bedeutung der DDR-Zeit und der Nachwendejahre. Nicht weil einer von uns dumm ist oder ignorant. Oder völlig falschliegt. Sondern schlicht aus dem Unterschied heraus, dass seine Perspektive eine westdeutsche ist. Und meine eine ostdeutsche. Weil er Wessi ist. Und ich Ossi.

Seitdem fühle ich mich ganz bewusst als Ostdeutsche. Seitdem will ich es auch sein. Seit diesen ganzen Ossi-Momenten ist es ein prägender Teil von mir und meinem Leben geworden, aus Ostdeutschland zu kommen. Und das zeige ich gern.

Heute ist es so: Ich schmuggle ostdeutsche Lieder auf die Musikliste von Betriebsfeiern und WG-Partys. Ich erkläre jeder, die es nicht hören will, dass der FC Magdeburg es in die 2. Bundesliga schaffte, jetzt zwar wieder in der 3. Liga ist, aber sich das ganz – ganz! – bestimmt bald wieder ändert, obwohl mir nicht viele Dinge egaler sind als 22 Menschen, die 90 Minuten lang auf einem Stück Rasen herumlaufen. Sobald sich die Gelegenheit bietet, führe ich aus, dass die Riesa-Spirelli die besten sind, weil sie die ideale Kurvenbreite und -form haben, in denen das perfekte Maß Tomatensoße hängen bleibt. Und dass der Rotkäppchen-Sekt in Wahrheit noch besser kribbelt, als es auf dem Rücken der Frau in der Werbung wirkt. Beides ist wahr (klar!). Aber sonst würde ich es eben behaupten. Erst vor Kurzem habe ich gelernt, dass das Spülmittel *Fit* bereits 1954 in der DDR hergestellt wurde, womit meine Parteilichkeit in zukünftigen Putzgesprächen feststeht. Warum ich das nicht wusste? Weil ich lange nicht in Ost- und Westkategorien dachte.

Sobald es aber jetzt um *Ostdeutschland* geht, stehe ich innerlich bereit, irgendetwas richtigstellen zu wollen. Ich höre genau hin, ob da jetzt zum Beispiel das Wahlergebnis eines Landesteils verurteilt wird. Oder pauschal alle Menschen, die in diesem Landesteil leben. Wenn Letzteres passiert, rücke ich meine innere Krawatte zurecht, strecke meinen Rücken durch, räuspere mich bei Bedarf und wechsle in den Dozentinnenmodus, in dem ich meinen Da-muss-man-jetzt-aber-differenzieren-Vortrag halte. Auch gern lang. Und ungefragt.

Obwohl ich doch nach dem Abitur kaum schnell genug aus Magdeburg verschwinden konnte, bin ich in den vergangenen Jahren zu so etwas wie einer Lokalpatriotin geworden. Nicht nur zu einer Magdeburger, sondern zu einer ostdeutschen Lokalpatriotin. Dabei war ich noch nie in Zwickau und erst ein einziges Mal in Schwerin.

Wir feiern 30 Jahre Deutsche Einheit. Aber je länger die Mauer nicht mehr steht, desto ostdeutscher fühle ich mich. In einer Zeit, in der die meisten Menschen, denen ich mich ideell verbunden fühle, davon sprechen, Europäer oder Weltbürgerinnen zu sein, fühle ich mich zuallererst als Ostdeutsche.

Ergibt es Sinn, sich als Nachwendekind noch ostdeutsch zu fühlen? Ist es eigentlich okay, darauf zu bestehen, Rotkäppchen-Sekt zu kaufen, Lokalpatriotin zu sein? Und sich mit diesem Landesteil verbunden zu fühlen, in dem gerade rechtspopulistische Kräfte politische Macht erhalten? Woher kommt das, und, vor allem, bringt das etwas? Oder spaltet mein Ostdeutsch-Sein mehr, als dass es eint? Der ostdeutsche Autor Christoph Dieckmann, geboren 1956, schrieb einmal, als Entgegnung auf einen meiner Artikel, in der *ZEIT im Osten*: »›Der Osten ist Geschichte.‹ (…) Sie empfinden nachgeborene Zugehörigkeit, in diffuser Differenz zum Westen, dessen Ost-Verachtung Sie nervt. Aber was wäre der Osten? Der Staat DDR ist gottlob futsch.« Ich nehme die Herausforderung an. Dieser Frage will ich auf den Grund gehen: Was ist der Osten heute noch?

Es war einmal in Thüringen. Der junge CDU-Politiker Philipp Amthor war mit Parteifreunden unterwegs, als ein Bürger ihn ansprach und fragte, ob er eigentlich wirklich ostdeutsch sei. Denn er könne so gut reden. »Die Leute assoziieren mich gedanklich nicht unbedingt mit Ostdeutschland«, so erzählte es mir Philipp Amthor einmal. Philipp Amthor ist auf der politischen Bühne wohl das bekannteste ostdeutsche Nachwendekind. Er ist so etwas wie die konservative Nachwuchshoffnung der CDU, wird von manchen schon als zukünftiger Kanzlerkandidat gehandelt. Ich frage mich, wie viele Leute ihn dabei eigentlich unmittelbar mit Ostdeutschland in Verbindungen bringen – der Herr aus Thüringen offenbar ja nicht. Philipp Amthor selbst betont es auch nicht oft.

Wir sind heute in seinem Büro in Berlin verabredet, das im Paul-Löbe-Haus direkt neben dem Reichstagsgebäude liegt. Als ich reinkomme, steht Philipp Amthor noch am Schreibtisch und räumt Unterlagen umher. Er sieht aus wie immer. Anzug, akkurater Seitenscheitel, Deutschlandflagge am Revers. Wenn man ihn sieht, kann man kaum glauben, dass er erst Mitte 20 ist. Es ist, als hätte sich jemand einen Konservativen ausgedacht.

Er fragt, was wir denn jetzt vorhaben. »Wir sprechen über uns als junge Ostdeutsche«, sage ich. »Und das können wir nicht hier machen?«, fragt er und lächelt dabei ein Lächeln, das Unmut ausdrückt, aber keine Angriffsfläche bieten will. Als ich ihm anbiete, dass wir doch in seinem Büro bleiben können, winkt er ab und folgt mir.

Philipp Amthor ist im November 1992 geboren. In Ueckermünde, Mecklenburg-Vorpommern. Sein Bundestagswahlkreis liegt direkt neben dem von Angela Merkel. Dort hat er bei der Bundestagswahl 2017 das Direktmandat geholt, jetzt sitzt er als einer der jüngsten Abgeordneten im deutschen Parlament. Und als einer der gefragtesten. Bei ihm handelt es sich nicht mehr um einen Medienrummel, sondern eher ein Medienoktoberfest.

Philipp Amthor ist so gefragt, weil er polarisiert und keine Angst hat anzuecken. Er, von Haus aus Jurist, vertritt urkonservative Ansichten und spitzt die gern zu, aber selten populistisch. Sehr fleißig ist er auch, heißt es, und außerdem ein verdammt kluger Kopf.

Ich bitte ihn, dass wir uns an die Spree setzen, die direkt vor der Tür fließt. Weil man als Journalistin immer versucht, seine Gesprächspartnerinnen aus ihrer gewohnten Umgebung zu locken, aber mehr zeitlich nicht drin ist. Außerdem würde ich Philipp Amthor einfach gern mal auf dem Boden sitzen sehen.

Wir spazieren aus dem Paul-Löbe-Haus hinaus, über eine Brücke und laufen die Spree entlang bis zu ein paar Stufen, die direkt in den Fluss führen, schräg gegenüber des Reichstagsgebäudes. Man kann die große Glaskuppel über dem Plenarsaal und die Flaggen auf den vier Ecktürmen sehen.

»Hier?«, frage ich.

»Dann sehen wir noch die wehende Deutschlandfahne.«

»Genau«, sage ich.

»*Patriotic moment*«, sagt Philipp Amthor.

Wir setzen uns, und ich berichte von meinem Vorhaben. Als ich erwähne, dass ich kurz vor der Wiedervereinigung geboren bin, sagt er: »Dann sind Sie ja noch ein Ossi.« Das kann ich bestätigen. »Sind Sie denn einer?«, frage ich. Wir siezen uns, weil er Politiker ist, ich Journalistin – aber ich weiß auch nicht, ob ich ansonsten auf eine andere Idee gekommen wäre.

»Ich würde Identität als etwas Zwiebelartiges beschreiben«, antwortet Amthor. »Jeder hat mehrere. Bei mir ist es so, dass ich mich zuerst als Deutscher fühle, dann als Vorpommer. Wenn ich außerhalb Europas unterwegs bin, zum Beispiel in die USA reise, nehme ich mich hingegen vor allem als Europäer wahr. Natürlich macht es auch einen Teil meiner Identität aus, in Ostdeutschland aufgewachsen zu sein.«

Er erzählt, dass er sich immer dann besonders ostdeutsch fühle, wenn er auf Vorurteile treffe, wie in den Medien. Jedoch führen diese Situationen, die ich Ossi-Momente nennen würde, bei ihm nicht dazu, dass er sich die ostdeutsche Identität darüber hinaus bewusst aneignet. »Ich frage mich: Ergibt das Sinn, eine eigene Gruppe zu bilden?«, sagt er. »Ich glaube nicht, dass es noch notwendig ist, ein nur ostdeutsches *Wir* der Nachwendegeneration zu formulieren. Die jungen Ostdeutschen haben eigentlich keinen Grund zum Jammern. Es kann sich doch in diesem Alter niemand dadurch entschuldigen, dass er Ostdeutscher ist. Die angebliche Chancenungleichheit halte ich für überwiegend herbeigeredet.«

»Aber es gibt doch strukturelle Unterschiede«, sage ich.

»Es gibt jedoch keine Unterschiede mehr in unseren Möglichkeiten. Wir jungen Ostdeutschen können das Gleiche erreichen wie Westdeutsche. Ich will nicht mehr, dass Menschen in unserer Generation behaupten, sie hätten es so schwer, weil sie aus dem Osten kommen. Sie können alles ganz genauso selbstverständlich. Bei mir war es so: Immer wenn ich einen blöden Spruch von einem Westdeutschen gehört habe, hat mich das nur noch mehr angespornt. Ich glaube, dieses ganze Schlechtreden, das hilft halt auch nicht.«

»Sehen Sie keinerlei Unterschiede zwischen Ihnen und Ihren gleichaltrigen Kollegen aus Westdeutschland?«

»Meine Heimatregion ist natürlich von den politischen Nachwirkungen der DDR geprägt, deswegen habe ich ein anderes Verständnis dafür, was das bedeutet. Das führt beispielsweise zu einer unterschiedlichen Bewertung der Frage, wie die DDR zu sehen ist.«

»Inwiefern?«

»Es ist unzweifelhaft, dass die DDR kein Rechtsstaat war, sondern eine klassische Diktatur. Aber ich glaube, meine ostdeutsche Perspektive unterscheidet sich darin, dass ich sehr schnell gelernt habe, zwischen zwei Dingen differenzieren zu müssen: zwischen dem DDR-Staat und der Lebensleistung Einzelner. Die meisten Menschen haben sich in dem Staat eingerichtet und versucht, das Beste aus allem zu machen. Sie haben sich *arrangiert.* Das kann ich nachvollziehen.«

Dann lacht er und fügt hinzu: »Sich arrangieren – das ist auch ein typisch ostdeutsches Wort.«

Philipp Amthor und mich scheint zu einen, dass wir unaufgeregt auf die DDR schauen. Denn uns ist klar, dass dieser Staat eine Diktatur war. Doch genauso klar ist uns, dass viele Menschen dort trotzdem ein für sich normales Leben führten. Auch Amthor sagt, er sieht es als Aufgabe unserer Generation, auf die ostdeutsche Geschichte während der Zeit der Teilung hinzuweisen.

Was uns beide jedoch unterscheidet: Für ihn heißt über *den Osten* zu sprechen vor allem, über die DDR zu sprechen. Nicht über die Gegenwart. Offenbar nicht einmal besonders über die Nachwendezeit.

»Im Kern glaube ich, dass es nichts bringt, immer noch diese künstliche Spaltung zwischen Ost- und Westdeutschland herbeizureden«, sagt er.

»Ist sie denn künstlich?«

»Finde ich, ja. Ich halte es für wenig sinnvoll, Deutschland in irgendwelche Gruppen zu teilen. Wir müssen eine gesamtdeutsche Diskussion führen.«

Obwohl er von der Gruppenfindung nichts hält, ist Philipp Amthor bei der Gruppe ostdeutscher Unions-Bundestagsabgeordneter dabei, die sich regelmäßig treffen. Ein Widerspruch?

Er meint: »Es gibt durchaus Themen, die ostdeutsche Länder gemeinsam bewegen. Wie das ostdeutsche Rentenniveau, der Umgang mit dem SED-Unrecht, die Kosten der Energiewende, der Kohleausstieg, der Strukturwandel, gleichwertige Lebensverhältnisse in ländlichen Regionen. Vieles davon betrifft aber auch andere Regionen Deutschlands.«

Während wir reden, schwappt die Spree gegen die Treppenstufen. Vor uns auf dem Wasser schippern die Dampfer, viele davon tragen ebenfalls ein Deutschlandfläggchen. Auf dem Boden zu sitzen ist ehrlich gesagt ziemlich unbequem. Philipp Amthor hat seine Füße auf zwei verschiedenen Treppenstufen und bewegt sich die ganze Zeit fast überhaupt nicht. Er sieht auch auf dem Boden aus wie ein Staatsmann, der eigentlich nicht Mitte 20 sein kann und ein Deutschlandfläggchen am

Anzugkragen trägt. Ich wechsle permanent die Sitzhüfte, den Balancefuß, versuche, das Handy auf den Knien zu halten, den Fragezettel in der Hand, und beides nicht in die Spree fallen zu lassen. Tolle Idee mit dem Ausflug.

Philipp Amthor erzählt aus seinem Wahlkreis in Mecklenburg-Vorpommern. Dort hätten viele Leute das Gefühl, ihre Realität werde in der öffentlichen Diskussion nicht wahrgenommen. »Schlimm geworden ist es durch 2015. Die Flüchtlingspolitik der Regierung ist anfangs von den Medien sehr unkritisch behandelt worden. Viele Menschen hatten deswegen das Gefühl, dass ihre politische Wahrnehmung eine andere ist als die Realität, die ihnen durch Journalisten verkündet wird. Das hat für einen Split gesorgt, der viele Ostdeutsche zur AfD gebracht hat. Sie hatten das Gefühl, dass ihnen in Medien und Politik nicht die Wahrheit gesagt wird. Das hat sie an die DDR erinnert. Dieser Vergleich ist krass, aber ich höre ihn tatsächlich oft, wenn ich in der Heimat unterwegs bin.«

Ich höre solche Vergleiche zwischen dem heutigen und dem DDR-System tatsächlich auch oft, wenn ich mit Ostdeutschen rede. Und Zahlen bestätigen diesen Eindruck. Laut einer von der *ZEIT* in Auftrag gegebenen Studie des Berliner Instituts Policy Matters finden 41 Prozent der Ostdeutschen, man könne seine Meinung heute nicht freier oder sogar weniger frei äußern als zu DDR-Zeiten.

In Sachen Medien glaube ich, dass es da oft an Verständnis fehlt, wie diese funktionieren: Journalistinnen *müssen* auswählen und zusammenfassen. Dabei machen sie sicherlich Fehler und sind mal zu einseitig. Aber manche Ostdeutsche vermuten hinter Fehlern bewusste Täuschung durch Einzelne – oder gar einen ganzen Staatsapparat. Das ist keine Dummheit. Das ist das Geprägtsein durch einen Staat, in dem keine Pressefreiheit herrschte. Dieses Misstrauen bringt, neben vielem anderen, einige Leute zur AfD.

In Philipp Amthors Wahlkreis wurde die AfD bei der Bundestagswahl 2017 zweitstärkste Kraft, sie bekam 23 Prozent der Zweitstimmen. Amthor traue ich zu, einige dieser Wähler zurückzugewinnen. Deswegen bin ich froh über einen Politiker wie ihn; auch wenn ich in vielen Punkten ganz anderer Meinung bin. Aber auch Wähler, die ultrakonservativ oder rechts denken, brauchen ein glaubhaftes demokratisches Angebot. Das kann Philipp Amthor sein. Er ist erzkonservativ. Und durch und durch Demokrat. Wenn er argumentiert, dann meist nicht mit Ideologie. Sondern stets mit dem Gesetz; so, dass man seine Argumente in einem Rechtsstaat gut akzeptieren kann.

Ein Begriff, den Philipp Amthor häufig nutzt, ist *Heimat*.

»Was bedeutet Heimat für Sie?«, frage ich ihn.

»Erst mal ist hervorzuheben, dass Heimat etwas Positives ist. Viele Leute assoziieren etwas damit. Heimat bedeutet vor allem etwas Kulturelles. Die Art und Weise, wie man spricht, die Tradition. Das Sich-zu-Hause-und-sich-verankert-Fühlen. Doch auch politisch ist die Frage nach Heimat relevant – deswegen trägt seit dieser Legislaturperiode das Innenministerium auch ganz explizit den Titel *Heimatministerium*.«

»Wozu braucht es das Ihrer Meinung nach?«

»Es geht im Kern darum, die Frage der Gleichwertigkeit verschiedener Lebensverhältnisse aufzuwerfen. Wir haben im Moment den Kernspalt der Gesellschaft zwischen den großen Globalisierungsgewinnern, die sich nirgendwo oder überall heimatlich verankert fühlen, weil sie heute hier sind und morgen dort; und denjenigen, die sich zurückgelassen fühlen. Darauf müssen wir Antworten geben können.«

Persönlich finde ich den Zusatz Heimatministerium schwierig. So ein Ministerium bringt viel Ärger. Viele Menschen empfinden das Ministerium, oder sogar den Begriff *Heimat*, als ausschließend – die Journalistinnen Fatma Aydemir und Hengameh Yaghoobifarah haben zum einjährigen Bestehen des Ministeriums sogar ein ganzes Buch herausgegeben, »Eure Heimat ist unser Albtraum«. Den Ertrag eines Heimatministeriums stelle ich mir hingegen gering vor. Ich habe zumindest noch von keinem gehört, der jetzt weniger wütend ist, weil eine Institution an Rosamunde-Pilcher-Filme erinnert.

Den Begriff *Heimat* nutze ich selbst. Ich will ihn nicht ausschließend verstanden wissen – alle dürfen sehr gern Magdeburg ihre Heimat nennen, egal, wie lange sie dort leben; und alle sind meinetwegen jederzeit herzlich eingeladen. Für mich bedeutet Heimat: Ich komme von da. Ich verstehe die Leute, die Codes und den Ort. Deswegen würde ich nach der ganzen Beschäftigung mit dem Thema mittlerweile sogar Ostdeutschland als so etwas wie meine Heimat im Großen bezeichnen.

»Ist Ostdeutschland auch Heimat für Sie?«, frage ich deswegen Philipp Amthor.

»Ja und nein, denn man muss sich ja schon fragen: Was ist denn eigentlich das Verbindende von Mecklenburg bis nach Thüringen?«

Ein Mann und ein Junge laufen an uns vorbei, Vater und Sohn vielleicht. Der Mann unterbricht uns, entschuldigt sich und wendet sich dann an Philipp Amthor: »Wir müssen kurz Hallo sagen. Ein Danke in den Norden!« *Osten* hätte jetzt natürlich besser in die Geschichte gepasst.

Philipp Amthor erzählt dann doch noch, dass er schnell herausfinde, ob jemand ost- oder westsozialisiert sei. »Das merke ich immer wieder an den Begriffen. Da gibt es den schönen Satz: ›Komm doch mal um drei viertel vier ins Jupi-Leiter-Zimmer und bring den Polylux mit.‹« Also: Komm um 15.45 Uhr ins Jungpionierleiterzimmer und bring den Overheadprojektor mit. »Ein Lehrer hat mir den erzählt – keiner seiner neuen westdeutschen Kollegen habe 1990 etwas aus diesem Satz verstanden.«

Wir lachen. Er setzt noch hinzu: »Es gibt so viele schöne Begriffe. Das Skateboard, wissen Sie, wie das in der DDR hieß?«

»Wie?«

»Rollbrett! Super, oder?«

Als Philipp Amthor wieder in sein Büro geht, um Bundestagsabgeordneter zu sein, nehme ich mein Fahrrad und schiebe es in Richtung Brandenburger Tor, das nur ein paar Hundert Meter entfernt steht.

Das Brandenburger Tor stand, als Deutschland durch eine Mauer geteilt war, mitten im Sperrgebiet. Da war die Welt zu Ende. Man kam weder von Ost noch von West ran.

Ich bleibe stehen auf der Straße des 17. Juni, ehemaliger Westen. Ich versuche, mir die Mauer vorzustellen. Es geht nicht. Dutzende Menschen spazieren vor mir durch das Brandenburger Tor, es sieht zu selbstverständlich aus.

So viele Fäden meines Lebens hängen daran, dass diese Mauer nicht mehr steht. Ich könnte nicht wohnen, wo ich wohne. Hätte nicht studieren können, wo ich studiert habe. Könnte nicht arbeiten, was ich arbeite. Würde die Hälfte meines Freundeskreises nicht kennen. Ich könnte nicht hier stehen. Und Philipp Amthor hätte nie die Möglichkeit gehabt, ein kleines Stück hinter mir in seinem Büro zu sitzen und die Geschicke eines geeinten Deutschlands mitzulenken.

Zuerst fand ich es überraschend, dass ein konservativer Patriot ein Problem mit einem ostdeutschen *Wir* hat. Aber eigentlich ist es das nicht, er will nun einmal am liebsten von einem deutschen *Wir* sprechen. Meinetwegen kann es dieses deutsche *Wir* auch geben. Aber ich glaube, momentan sind bei der *deutschen* Perspektive sehr viele Perspektiven noch nicht eingeschlossen, die auch zu diesem Land gehören. Damit meine ich nicht nur die ostdeutsche. Sondern eben auch die viet-, türkisch-, oder afrodeutsche; oder beispielsweise auch muslimische Perspektiven oder jüdische, oder die Perspektiven von homosexuellen Menschen. Bis alle Gruppen ganz selbstverständlich auch zu einem deutschen *Wir* gehören, ist es doch sinnvoll, dass die jeweilige Gruppe ein eigenes bildet. Um sichtbar zu sein – wobei ein Mensch natürlich auch mehreren Gruppen zugehörig sein kann.

Eine Aussage von Philipp Amthor ist mir noch besonders im Kopf: »Die meisten Menschen haben sich (…) *arrangiert.* Das kann ich nachvollziehen.«

Ich kann das auch nachvollziehen. Aber ich finde es trotzdem bemerkenswert, dass Philipp Amthor das ähnlich sieht. Er besteht schließlich darauf, dass heutzutage jeder junge Mensch alle Möglichkeiten habe – trotz struktureller Unterschiede, die zwischen verschiedenen Bevölkerungsgruppen bestehen. Bei ihm klingt es, als würde von strukturellen Unterschieden zu sprechen gleich Schlechtreden bedeuten. Nicht meine Meinung, aber legitim. Interessant ist aber, dass er dann offenbar trotzdem so eine Art Zwang damaliger Strukturen anerkennt.

Philipp Amthor und ich haben bei all unserer Unterschiedlichkeit einen gemeinsamen Punkt darin, dass wir nachvollziehen können, dass sich Leute mit dem DDR-System arrangiert haben.

Da denke ich noch mal an die Transformationskompetenz der Wendekinder. Die haben wir Nachwendekinder in dieser Form nicht, weil wir die Transformation, die DDR, die Wende und die 1990er-Jahre nicht bewusst erlebt haben. Aber vielleicht eint uns eine andere Kompetenz: Wir können oft verstehen, was es bedeutet, all diese Erfahrungen erlebt zu haben. Auch emotional. Das ist doch auch ein Vorteil, auch eine Kompetenz. Eine Verständniskompetenz.

Denn es gibt noch immer genügend Leute, die das nicht nachvollziehen können. Die in der festen Überzeugung durchs Leben gehen, sie wären auf jeden Fall in einen wie auch immer gearteten Widerstand gegangen, und die (insgeheim oder offensichtlich) Ostdeutsche dafür verurteilen, dass sie das nicht taten. Und es gibt eben noch immer Leute, die die Umbrucherfahrung nicht nachvollziehen können und deswegen von *Ossi-Gejammer* sprechen, wenn man sie thematisiert, wie mein westdeutscher Bekannter.

Die Verständniskompetenz der Nachwendekinder kann da helfen. Wir können Übersetzerinnen sein. Aber auch Zeuginnen. Für die ostdeutsche Erfahrung.

Alexander von Schönburg
Der grüne Hedonist

Vom Glück, smaragdgrün zu sein

Nach zwei Versuchen, als ernsthafter Autor wahrgenommen zu werden, ist es nun wieder Zeit, mich auf meine eigentliche Berufung zu besinnen. Und die ist, ob ich es will oder nicht, nun einmal die des *arbiter elegantiarum*, als Autorität in Fragen des guten Geschmacks. Ich hatte schon einmal eine ähnliche Phase vorübergehender Klarsicht. Sie wurde herbeigeführt durch meinen ehemaligen Chef, Florian Illies, er verantwortete damals die Berliner Seiten der *FAZ*, ich war sein untergeordneter Redakteur. Eines Tages, ich hatte mir durch mehrere gewichtige Beiträge einen gewissen Respekt im Kollegenkreis erobert, nahm er mich mit der Bitte zur Seite, ich möge ihm kurz Gehör schenken, es gebe da eine Frage, die ihn beschäftige. Mir leuchtete das völlig ein, schließlich hielt ich mich für gelehrt und weise, ich war mir sicher, es könne sich nur um ein philosophisch delikates und zugleich geistig herausforderndes Problem handeln. Florians Frage lautete: »Alexander, kann man eigentlich rote Socken mit einem blauen Anzug tragen?«

Da die Klimakrise für so viel Verunsicherung sorgt, kann ich mir nicht mehr erlauben, auf Gebieten wie Geschichte und Tugendlehre zu dilettieren, sondern muss mich einer dringlichen Stilfrage annehmen, nämlich, wie man auf lebens- und freudebejahende Weise grün sein kann. Ich behaupte sogar, dass sich ökologisch verantwortungsbewusstes Leben überhaupt nur durchsetzen wird, wenn es Steigerung von Lebenslust verheißt und nicht mit Verboten und als Selbstkasteiung daherkommt. Es ist dringend an der Zeit, den Klimaneutralitätsmahnern für ihren Dienst, das allgemeine Aufrütteln, zu danken und ihr endzeitliches Narrativ durch das zu ersetzen, was in fortschrittlichen Kreisen utopischer Pragmatismus und in noch fortschrittlicheren Kreisen »Hedonistic Sustainability« genannt wird. Es kann Lust und Spaß bedeuten, verantwortungsbewusst mit Natur und Mitgeschöpfen umzugehen und nicht mehr jeden Quatsch der Konsum- und Unterhaltungsgüterindustrie mitzumachen.

Leugner der Umweltkatastrophe, ich glaube, darauf können wir uns einigen, sind Idioten. Wir Menschen betreiben Raubbau an der Natur. Das zu leugnen ist dumm. Übereinkunft besteht auch darüber, dass die Auswirkungen menschlichen Handelns auf die Natur seit der Industriellen Revolution zugenommen haben. Und dass seit Mitte des 20. Jahrhunderts, ab dem Beginn des Massenkonsum-Zeitalters, die Folgen verheerender wurden – auch weil neue Länder dazukamen, die ihr Stück vom Wohlstandskuchen abhaben wollen. Es lässt sich auch schwerlich leugnen, dass der Kohlendioxidausstoß dadurch dramatisch angestiegen ist – jeder kennt die Grafik, deren Kurve so aussieht wie ein Hockeyschläger. Dass wir der Welt Schaden zufügen, ist völlig offensichtlich. Das mag manchen Menschen egal sein, aber dass es so ist, steht fest. Mir ist es nicht egal. Angeblich gab es in den vergangenen 450 Millionen Jahren nur fünf Perioden mit ähnlich rapidem Artensterben. Das letzte Mal, als so viele Pflanzen und Tiere ausstarben, hatte vorher gerade ein Asteroid eingeschlagen.

Dazu kommt das Bevölkerungswachstum. Beckenbauer hatte ja völlig recht, als er (in einem anderen Zusammenhang) sagte, dass sich der Herrgott über jedes seiner Menschenkinder freut, aber allein in Kaiser Franz' Lebenszeit hat sich die Zahl der Bewohner auf diesem Planeten verdreifacht. Von allen Menschen auf der Erde leben jetzt schon mehr als die Hälfte in Städten, in ein paar Jahren werden zwei Drittel der Weltbevölkerung Stadtmenschen sein und wie Stadtmenschen konsumieren. Klimatisieren, heizen, Auto fahren, fliegen, shoppen … dass dies auf Dauer ungemütlich werden könnte, liegt auf der Hand.

»Vergiftet die Flüsse! Fackelt den Urwald ab! Zerstört die Atmosphäre! – Niemand, der einigermaßen bei Trost ist, fordert derlei«, las ich neulich in einem Kommentar eines *NZZ*-Redakteurs mit dem sinnigen Namen Christoph G. Schmutz. »Der Planet«, schreibt Herr Schmutz, »ist der sprichwörtliche Ast, auf dem alle Menschen sitzen. Und jedermann möchte auf einem gesunden, starken, grünen Ast sitzen. Daran zu sägen, ergibt keinen Sinn.« Die Frage ist nur, wie der Ast grün und stark zu halten ist. Darüber gehen die Meinungen auseinander. »Verzicht!«, rufen die Klimaaktivisten. Aber heißt das dann nicht, dass wir einfach so weitermachen wie bisher, nur alles eben ein bisschen teurer und dafür mit Biosiegel? Wir subventionieren Autos mit Stromantrieb und geben erst Ruhe, wenn jeder Winkel des Landes mit Aufladestationen für E-Autos ausgerüstet ist, ohne uns vorher wirklich Gedanken gemacht zu haben, ob wir nicht eher auf völlig neue Formen der Mobilität setzen müssten und unter welchen Umständen eigentlich die benötigten Rohstoffe zutage gefördert werden sollen (und wie lange sie überhaupt reichen und wo all der Strom für sie herkommen soll). Als effektive Klimaschutzpolitik gilt, höhere Steuern aufs Fliegen zu erheben, aber ja nicht so hoch, dass die Leute sich keine Familienurlaube mehr leisten können. Das Benzin wird teurer, aber bitte nicht so teuer, dass man die Leute ganz vom Fahren abhält. Wir machen eigentlich alles so weiter wie bisher, nur halt einen Hauch grüner, teurer und mit schlechtem Gewissen.

Kann das wirklich schon die Antwort sein?

Ich habe mich auf die redliche Suche nach Möglichkeiten begeben, wie man ein umweltbewussteres Leben führen kann. Ich glaube nämlich, ein solches Leben kann, im wahrsten Sinne des Wortes, befriedigend sein. Die Verringerung der eigenen zerstörerischen Wirkung auf Umwelt und Klima kann sogar zu einer praktischen, ethischen Übung werden. Für die alten Griechen war Selbstzügelung – *Sophrosyne* – die wichtigste menschliche Übung überhaupt. Es ist ja im Übrigen so, dass die Gefahren ungleich verteilt sind. Wenn die Warner richtigliegen, stehen wir vor einer großen Gefahr, und es besteht dringend Handlungsbedarf. Wenn die Klimakrisen-Skeptiker recht haben, ist das alles bloß Hysterie. Das Risiko, eher den Warnern Gehör zu schenken, ist verhältnismäßig gering. Schlimmstenfalls sind wir am Ende auf Übertreibungen reingefallen, haben aber unseren sinnlos-übermäßigen Konsum ein wenig in den Griff bekommen, gehen nicht mehr ganz so gedankenlos mit unserer Umwelt und unseren natürlichen Ressourcen um und haben vielleicht sogar bei manchen Zukunftstechnologien die Nase vorn.

Ich bin jedenfalls fest entschlossen, bei der Rettung der Welt mitzumachen. Aber möglichst nicht auf eine Art und Weise, mit der ich meine Zeit und Energie mit gewissensbetäubenden Alibimaßnahmen verschwende, sondern so, dass es tatsächlich einen Unterschied macht. Für die Welt. Und mich selbst. Ich möchte gern grün leben, ökologisch korrekt, klimaneutral, nachhaltig und umweltbewusst.

Ich habe nur bei den ersten Versuchen festgestellt, dass das im Detail manchmal sehr freudlos ist. Die natürliche Pulver-Zahncreme zum Beispiel, die ich mir gestern zusammen mit der Rosshaar-Holzzahnbürste besorgt habe, ist nicht so toll. Sie schäumt nicht, sie schmeckt nach Kalk und hinterlässt kleine Brösel im Mund. Der Laden, in dem ich diese Utensilien erstanden habe, liegt mitten in Kopenhagen, heißt »Pure« und ist Europas bestsortierte ökologische Parfümerie. Die Gesichts-, Körper- und Haarpflegeprodukte hier sind so *pure*, dass man sich manches auch gut als erfrischenden Brotaufstrich vorstellen kann.

Ich bin nach Dänemark gepilgert, um mich inspirieren zu lassen. Kopenhagen ist nämlich ein – im positiven Sinn – eigentümlicher Ort. In der Fernsehserie »Borgen« kommt der dänische Premierminister morgens mit dem Fahrrad ins Büro, es gibt mehr Fahrradwege als in jeder anderen Hauptstadt Europas, die Ampeln sind so geschaltet, dass man als Radfahrer immer ein paar Sekunden Vorfahrt hat, an jeder Ecke sieht man eine *cykel værksted*, jedes dritte Gefährt ist eines dieser Cargobikes, mit denen man zwei oder drei Kinder transportieren kann. Kopenhagen vermittelt einen Eindruck davon, wie es in ganz Europa bald aussieht, wenn die grüne Wende wirklich geschafft ist.

Die gute Nachricht ist: So schlecht sieht es gar nicht aus.

Die Jægersborggade im Stadtteil Nørrebro zum Beispiel: Es gibt hier Gründerzeithäuser am Rande eines der schönsten Gärten (und Friedhöfe) Skandinaviens (Kierkegaards Grab ist hier), wo früher Straßenkreuzungen waren, findet man jetzt improvisierte Minigärten, wo früher städtische Grünanlagen waren, befinden sich jetzt Permakulturen. Die Leute bauen in sogenannten Urban-Gardening-Projekten ihr eigenes Gemüse mitten in der Stadt an. Vorbei an solchen halbwilden Stadtgärten biegt man also in die Jægersborggade ein. Sie ist klein, man hat sie in fünf Minuten durchschritten, aber man kann sich auch mühelos Stunden dafür Zeit nehmen. Die ganze Straße riecht nach Mamas Kuchen, jedes der kleinen Geschäfte hat lustige Namen, in einem der Läden steht im Schaufenster »STOP FUCKING BUYING!«, im Spielzeugladen gibt es nur Spielzeug aus zweiter und dritter Hand, vor dem Pop-up-Shop, der Kimonos verkauft, stehen Frauen, denen man ansieht, dass sie Yoga machen, die Männer sehen trotz ihrer uniformen Bärte und ihrer ironischen T-Shirts irgendwie souverän und gelassen aus. Überall hat man freies WLAN, der Eisladen heißt »Banana«, der Claim lautet: »Less worry! More life!«, klingt nach einer super Idee. Im besten Lokal der Straße, dem »Manfreds«, wird nur Gemüse serviert, das am Morgen von der hauseigenen, 50 Kilometer entfernten kleinen Farm geliefert wurde, es gibt auch Fleischgerichte, aber wenn man will, kann man, bevor man ein Tier isst, sich dessen Lebensgeschichte erzählen und den Stammbaum aushändigen lassen. Im Café-Kollektiv, eine Ecke weiter, lockt das köstlichste vegetarische Eggs Benedict der Welt (keine Ahnung, aus was der »Schinken« gemacht war, er schmeckte besser als Fleisch), für unsere Freunde des Superfoods fand ich dort: frischen Krauskohlsalat mit Kräutern, hausfermentiertem Sauerkraut, aktivierten Mandeln, laktofermentiertem Fenchel, angegrilltem Blumenkohl, Kurkuma, Granatapfel, Goji-Beeren und Koriander.

Der Stadtteil Nørrebro ist so *økologisk*, dass Freiburg im Breisgau daneben wie Tschernobyl aussieht. Im Hafen von Kopenhagen kann man schwimmen, selbst die autonome Hippiekommune Christiania ist blitzsauber, und die Energie ist es angeblich auch. Ein großer Teil der Bevölkerung hat sich zusammengetan und in erneuerbare, emissionsfreie Energien für den Großraum Kopenhagen investiert. Jeder, der mitgemacht hat, hat inzwischen knapp acht Prozent Rendite gemacht. Bis 2025 wird die Energieversorgung Kopenhagens komplett selbstversorgend sein. Für den Reiseführer »Lonely Planet« war die dänische Hauptstadt 2019 das Städteziel Nummer eins in Europa, unter anderem wegen Attraktionen wie »Copenhill«, der einzigen Müllverbrennungsanlage weltweit, die so sauber ist, dass sie den Kopenhagenern als Nahausflugsziel dient. Das Dach wurde nämlich so designt, dass es, mit einem Kunstteppich versehen, als Skipiste dient. Die Philosophie des Architekten, Bjarke Ingels, lautet: »Wir können die Welt formen. Mein Kind wird zum Beispiel in einer Welt aufwachsen, in der es völlig normal ist, auf der Spitze eines Müllkraftwerks frische Luft zu atmen und dort Ski zu fahren.« Er sagt auch Sätze wie: »Wir müssen Energie verbrauchen. Das unterscheidet uns von toter Materie. Energie zu verbrauchen ist also eine gute Sache, jedenfalls wenn man das Leben für eine gute Sache hält. Wir wollen Energie verbrauchen. Wir wollen sie nur nicht verschwenden.« Im Vorort Ørestad hat Ingels ein ziemlich innovatives, autarkes Wohnobjekt hingestellt, das »8 Haus«, dänisch »8 Tallet«, 62 000 Quadratmeter in der Form einer Acht, 476 Wohnungen, mit begrünten abfallenden und ansteigenden Dächern, immer wieder unterbrochen durch Grünanlagen, so konzipiert, dass man den Gebäudekomplex auch als Jogging-Track nutzen kann, all das energetisch optimiert und so an den öffentlichen Nahverkehr angeschlossen (zwölf Minuten ins Stadtzentrum), dass eigene Autos hier völlig überflüssig sind. Zu den innovativsten Projekten von Bjarke Ingels gehört auch die »Oceanix City«, die 2050 fertig sein soll und klimaneutralen Wohnraum für mehrere Zehntausend Menschen auf dem Wasser schaffen will – falls es tatsächlich so etwas wie überflutete Städte geben sollte, zeigt Ingels mit solchen Ideen dem Klimawandel die lange Nase. »Oceanix City« ist natürlich als selbstversorgendes Ökosystem ohne Abgase und Abfall konzipiert. Bjarke Ingels ist ein absoluter Superstar in Kopenhagen und einer der begehrtesten Ökoarchitekten weltweit. Kopenhagen ist also geradezu der ideale Ort, um darüber nachzudenken, wie man sein Leben grüner und dabei angenehmer und zeitgemäßer gestalten kann.

Eines möchte ich an dieser Stelle übrigens klarstellen: Ich verstehe von der wissenschaftlichen Seite der Materie so wenig wie Sie. Ich hätte schon Schwierigkeiten, auf Anhieb zu erklären, wie genau der Abfluss bei mir zu Hause funktioniert. Meine Ahnungslosigkeit paart sich übrigens auch mit einer gewissen Skepsis gegenüber wissenschaftlichen Gewissheiten, die ich für ziemlich gesund halte. Es gehört zum Wesen der Wissenschaft, dass sie immer nur zu vorläufigen Ergebnissen kommt, die später wieder überworfen werden. Auch Rassismus basierte früher einmal auf vermeintlich wissenschaftlichen Erkenntnissen, die wiederum längst von Wissenschaftlern widerlegt wurden. Als 1962 *Der stumme Frühling* erschien, worin Rahel Carson auf die Gefahren durch Pestizide und Insektizide hinwies, wurde sie von den namenhaftesten Wissenschaftlern geradezu lächerlich gemacht. Es gibt nämlich auch in der Welt der Wissenschaft so etwas wie Moden und Gruppendruck. Neben sehr viel Einleuchtendem ist so viel wissenschaftlicher Unfug im Umlauf, dass niemand von uns Laien je in der Lage sein wird, alles im Einzelnen nachzuprüfen.

Die einen sagen, die Rolle des CO_2 bei der Erderwärmung werde überschätzt. Andere sagen, dass die Maßnahmen, mit denen wir jetzt versuchen, dem CO_2-Ausstoß Herr zu werden, uns Billiarden kosten, aber nur minimale Effekte zeitigen werden. Wiederum andere sagen, es sei eh alles zu spät. Die Zeit, unsere Art zu wirtschaften grundlegend zu ändern, sei vor 30 Jahren gewesen, inzwischen hätten wir so viel zusätzliches CO_2 in die Atmosphäre gepumpt, dass selbst die drastischsten Gegenmaßnahmen die Folgen allenfalls ein bisschen hinauszögern und abmildern könnten.

Dann gibt es auch glaubhafte Stimmen, die sagen, dass das mit der Reduzierung des CO_2-Ausstoßes sehr wohl sinnvoll ist, dass wir uns dadurch aber zum Teil auch lähmen, weil wir vor lauter Starren auf dieses vermaledeite Kohlendioxid versäumen, uns um Dinge zu kümmern, die mindestens so wichtig sind, den Zugang zu Frischwasser in der Dritten Welt zum Beispiel oder Schutzmaßnahmen (wie Umsiedelung oder der Bau von Staudämmen) in Weltregionen, die auf unsere Hilfe angewiesen sind, um sich gegen die Folgen des Klimawandels zu wehren.

Und dann gibt es noch die Zukunftsgläubigen, die behaupten, dass drastische Gegenmaßnahmen zur Verringerung des CO_2-Ausstoßes dringend geboten sind, dass wir aber die *falschen* Maßnahmen ergreifen, weil wir viel zu hektisch in emissionsfreundliche, aber alte Technologien investieren, statt viel mehr Geld in die Erforschung ganz anderer, völlig neuer Technologien zu stecken. Sie beklagen, dass wir vor lauter Untergangsprophezeiungen die gigantischen Chancen für Innovation verpassen, die in der ökologisch-ökonomischen Wende liegen. Die anderen Länder sind dabei, uns davonzueilen, in den Golfstaaten werden Züge geplant, die bis zu 1200 km/h schnell fahren sollen, von den zehn am meisten verkauften Automarken ist nur eine aus Deutschland, Firmen, von denen noch niemand von uns gehört hat, wie BYD aus China, verkaufen sechsmal mehr Elektroautos als VW. Wir könnten, argumentieren Ökooptimisten, mit unserem Know-how Weltmarktführer in alternativen Technologien werden und verlieren uns stattdessen in Visionen von »Degrowth«, Wachstumsrückbau, also Morgenthau-Plan-ähnlichen Deindustrialisierungsfantasien, statt uns für die Zukunft zu rüsten.

Welche der gerade genannten Einwände berechtigt sind und welche nicht, kann ich nicht beurteilen. Was ich beurteilen kann, ist mein eigenes Leben, sind meine eigenen Konsumgewohnheiten. Wenn ich die Welt verändern will, ist es wahrscheinlich eine gute Idee, erst einmal mit meinem Mikrokosmos anzufangen. Ich weiß, dass viele bei Zitaten des umstrittenen kanadischen Psychologen Jordan B. Peterson genervt reagieren, aber seinem Satz »Wenn du die Welt retten willst, räum erst mal dein Zimmer auf!« kann man eine gewisse Evidenz nicht absprechen. Außerdem sagt er damit auch nichts anderes als der sehr viel konsensfähigere Dalai Lama, der einmal gesagt haben soll: »Falls du glaubst, dass du zu klein bist, um etwas zu bewirken, dann versuche mal zu schlafen, wenn eine Mücke im Raum ist.« Dass jeder Einzelne die Möglichkeit hat, die Welt ein Stückchen in die richtige oder in die falsche Richtung zu stupsen, ist auch die Kernaussage von Alexander Solschenizyns berühmter Dankesrede nach Entgegennahme des Nobelpreises. Jeder von uns hat Wirkung, zumal auch jeder von uns – für mich nehme ich das wenigstens in Anspruch, und Sie sollten das auch – für irgendjemanden als Vorbild fungiert.

Bei unserer Suche nach einem Leben, das weniger von Verschleuderung und gedankenlosem Konsum geprägt ist, kommt uns ein Umstand zugute: Die Dinge, die mit Prestige behaftet sind, haben sich vom Materiellen gelöst.

Man kann heutzutage niemandem mehr mit seinem dicken Auto imponieren. Als Fahrer eines Porsche Cayenne gilt man heute eher als asozial und therapiebedürftig. Wer dicke Autos fährt, so der Konsens, isst auch mit Blattgold überzogene Steaks, schlägt seine Kinder und trinkt Robbenblut. Wer sich durch umweltbewusstes Verhalten abheben will, tut das vielleicht inzwischen nicht nur aus moralischen Gründen, sondern weil er zu denen »da oben«, die sich dezenter verhalten, die wissen, was sich gehört, dazugehören will.

Man will nicht als der Doofe dastehen, der mit Pestiziden hoch belastete Rucola kaut, Flip-Flops trägt, die in den Mägen von Delfinen landen, und Autos fährt, die mehr Immobilie als Fahrzeug sind.

Als Luxus gilt heute, ein Leben als »Lohas« zu führen, will

heißen, einen »Lifestyle of Health and Sustainability« zu pflegen. Aus dem gesellschaftspolitisch einst von Randgruppen besetzten Thema Ökologie ist ein Distinktionsmittel der urbanen Eliten geworden. Natürlich hat das einen hedonistischen Beigeschmack, als wäre wieder nur das eigene Wohlergehen, garniert mit gutem Gewissen, entscheidend. Aber: Wahrscheinlich haben die oft beschimpften Edelökos und all die Hollywood-Nervensägen wie Leonardo DiCaprio mit ihren Toyota Prius, ihren Energiesparlampen und Flugkompensationszahlungen mehr zu einem neuen Verständnis für umweltgerechte Verhaltensweisen beigetragen als Jahrzehnte angestrengter Reden von Claudia Roth. Mir ist lieber, uns wird vorgelebt, dass man grün sein und sein Leben dennoch genießen kann, als dass ich mir ständig vorhalten lassen muss, ich solle Angst haben. Einer der wenigen, die das begriffen haben, ist übrigens Elon Musk. Öko-Lifestyle muss attraktiv sein, ein Tesla ist inzwischen schlicht cooler als ein Porsche.

Das bisweilen etwas überdrehte Wiedererwachen des Umweltthemas durch die Klimadebatte könnte sich somit als historische Chance herausstellen. Vielleicht kriegen wir einen Lifestyle hin, der sich tatsächlich vom bewusstlosen Alles-muss-auf-Knopfdruck-da-sein-*all-you-can-eat*-Konsumwahn abhebt. Vielleicht belassen wir es dann auch nicht bei Maßnahmen, die nur unser Gewissen beruhigen, und ringen uns wirklich zum Umdenken durch.

Essen

Ist man ein A..., wenn man Avocados isst?

All you can eat
ist in der Regel
more than you need.

Felix Prinz zu Löwenstein
(Biobauer)

Die *All-you-can-eat*-Kultur macht uns fertig. Es ist oft gesagt worden (und es stimmt!), dass wir zwei Planeten bräuchten, wenn sich die ganze Welt so ernähren wollte wie Europa und Nordamerika. Nicht nur, um uns selbst mit Nahrung zu versorgen. Mehr als die Hälfte von dem, was wir anbauen, geht inzwischen für die Tiere drauf, die wir uns zum Verzehr halten.

Wir müssen, um ein großes Wort des Ur-Edelgrünen Prinz Charles aufzugreifen, »innehalten, den Punkt finden, an dem wir auf den Abweg geraten sind, und uns dann neu orientieren«. An Zeiten zum Beispiel, als Fleisch – übrigens auch für wohlhabende Menschen – nur an hohen Festen oder am Sonntag infrage kam. So lange ist das gar nicht her.

Man muss ja nicht gleich so radikal sein wie Prinz Charles, der nur noch dynamisches Gemüse isst (was, glaube ich, bedeutet, dass es frei herumlaufen darf), und wenn er Fleisch isst, dann nur von Tieren aus eigener Haltung, von denen er sich sicher sein kann, dass sie ihr Dasein auf seiner Farm in Highgrove verbracht haben, wo Hühnern und Kühen tagaus, tagein wahrscheinlich die Sonette von Shakespeare vorgelesen werden.

Ich persönlich esse gern. Viel. Ich schätze am Essen vor allem die psychoaktive Wirkung. Ein festes Stück Bauernbrot mit krosser Kruste, darauf Butter, die noch ein bisschen kalt ist, ein Hauch Salz ... Der Genuss geht bei solchen Dingen über das rein Geschmackliche oder die reine Sättigung hinaus.

Wenn mir jemand mit Verzicht droht, ist meine erste Reaktion: Panik. Also habe ich mich, auf nachdrückliches Drängen meiner Frau hin, in eine Kuranstalt aufgemacht, nicht nur, um abzunehmen, sondern um ein neues Verhältnis zum Essen zu lernen.

Um es mir zu erleichtern, buchte sie mir ein Kurhotel, das sehr malerisch an einem See im Salzkammergut liegt; es ist modern, aber doch komplett aus Holz gebaut. Das Publikum besteht zum großen Teil aus reichen Frauen aus England, Russland und Indien und ist, wie in solchen Kuranstalten eigentlich immer, zu abgehoben, um wirklich sympathisch zu sein. Obwohl neben körperlichem auch digitales Fasten auf dem sehr schönen See-Anwesen, insbesondere am Steg und im Schwimmbad, angesagt war, musste ich – zwischen den teuren, aber erholsamen Anwendungen – immer wieder Telefongespräche wie dieses mithören: »Gianni, prego! Listen to me! Wir müssen das Katerfrühstück im Beachclub machen! I know what I'm talking about. Niemand hat Lust, wenn er morgens im Hotel aufwacht, hinauf in die Berge zum Castello Qualche Cosa zu fahren! Molto semplice, in Blazer und Strandkleid zum Beach, we'll have Fingerfood there, und alle die, die noch am frühen Nachmittag ihre Slots erreichen müssen, kommen von dort ruckzuck zum General Aviation Terminal.«

Das Schwimmbad war riesig, eine der Anwendungen, die in einem der Nebenbecken angeboten wurde, war eine Art Neugeburtserfahrung. In Begleitung eines auch psychiatrisch ausgebildeten Therapeuten aus Wien (woher sonst?) wird man da, mit Nasenstöpseln, sanft durchs lauwarme Wasser gezogen. Dazu macht der Therapeut Walgeräusche und stellt suggestive Fragen. Die Behandlung kostet so viel wie in Indien ein Kleinwagen, aber für viele Gäste hier ist das angeblich der Höhepunkt ihres Aufenthalts.

Es hat in den letzten Jahren ja geradezu eine Forschungswelle über die eigentlich uralte Praxis des Fastens gegeben. Alle Untersuchungen haben gezeigt, dass es uns deutlich besser geht, wenn wir weniger essen. Und noch mal deutlich besser, wenn wir ein- bis zweimal im Jahr zwei bis drei Wochen ganz auf Nahrungsaufnahme verzichten. Deutlich messbare Verbesserungen bringt das Fasten bei Erkrankungen von Herz und Gefäßen, Magen und Darm, bei Arthrose, Rheuma, Allergien, Migräne, Akne, Diabetes bis Burn-out, Schlafstörungen und Depressionen. Für die Moderne wiederentdeckt haben das maßgeblich zwei Ärzte, Franz Xaver Mayr und Otto Buchinger, beide in jener eigentümlichen Epoche vom Ende des 19. bis in die 20er-Jahre des folgenden Jahrhunderts, die so viele alternative Heil- und Weltsichtmethoden hervorbrachte und sowohl voller Scharlatane als auch Genies war.

Otto Buchinger hat das Fasten aus Leidensdruck wiederentdeckt. Als junger Arzt der Kaiserlichen Marine im Ostasiatischen Kreuzergeschwader hatte er die Völlerei, zu der er als Offizier in jedem Hafen gezwungen war, im wahrsten Sinne des Wortes satt: Galadinners, Bälle, Tigerjagd, ein Festmahl beim König von Siam, überall musste – aus Höflichkeit – deutlich mehr gegessen und getrunken werden, als einem guttat. In Kalkutta soll Buchinger, wieder einmal an Sodbrennen leidend, einem fastenden Brahmanen begegnet sein. Das war angeblich sein Erweckungserlebnis. Er las, forschte, experimentierte, 1920 eröffnete er das erste »Kurheim Dr. Otto Buchinger«, in dem Heilfasten nach der von ihm entwickelten Methode praktiziert wurde. Sein Regime: nicht mehr als 250 Kalorien in Form von Gemüsebrühe, Gemüse und Gemüsesäften täglich, zwei bis drei Wochen lang, dazu leichte Bewegung und viel Ruhe. Der andere, F. X. Mayr, arbeitete zu der Zeit schon seit fast 15 Jahren als Arzt im berühmten Kurort Karlsbad und war, wie Pioniere so oft, nicht so ganzheitlich in seinem Ansatz. Mayr war darmfixiert. Nachdem er Tausende Patienten behandelt hatte, kam er zu dem Entschluss, dass der Hauptgrund für alle Zivilisationserkrankungen ein verunreinigter und träger Darm sei. Von dem Tag an behandelte F. X. Mayr sämtliche Patienten grundsätzlich als Verdauungskranke, alle bekamen sie dieselbe Therapie, die aus Darmreinigung, strikt kalorienarmer Schonkost und manueller Bauchbehandlung bestand.

In meiner – an den Lehren F. X. Mayrs orientierten – Kuranstalt stand der Tagesablauf daher auch unter dem Diktat der Darmentleerung (unter Beihilfe eines grässlichen morgendlichen Getränks, das so etwas Ähnliches wie Glaubersalz enthält). Ich kann allerdings bestätigen, dass dadurch Hungergefühle schon nach ein bis zwei Tagen verschwinden. Wenn der Verdauungstrakt leer ist, lehren Mayr und Buchinger, schalten wir auf den Verzehr des eigenen Depotfetts um. Sobald der Körper kapiert, dass er nix mehr bekommt, fängt er quasi an, sich aus sich heraus zu ernähren. Beim extremen Fasten, also bei totalem Nahrungsverzicht über mehrere Tage, bei dem nur Tee und Wasser zu sich genommen werden, wird das nach einer Weile richtig interessant. Wenn nämlich das Gehirn dringend Zucker braucht und im Körper nicht mehr so leicht an Energie ranzukommen ist, fängt der Körper an, exklusiv für das Gehirn, dieses anspruchsvolle Organ, Fett in sogenannte Ketonkörper umzubauen. Die Folge ist: sich steigernde geistige Wachheit und Euphorie bis hin zum Fastenrausch. Man fühlt dann tatsächlich eine gewisse Stärke in sich, ich fühlte mich in dieser Phase zu einer abenteuerlichen Bergtour verführt, bei der ich es – nicht mehr ganz so euphorisiert – gerade noch vor der Dunkelheit zurück ins Tal schaffte.

Die Tage an Kurorten sind erstaunlicherweise kurzweilig. Zwischen Liegekur, Leberwickel, Massagen und Heubädern vergeht der Tag schnell. Wer gar nichts mehr zu tun hat – außer auf seine Verdauung und ausreichend Ruhe zu achten –, dem ist Langeweile paradoxerweise fremd.

Wichtige Höhepunkte des Tages, sie geben demselben erst Rückgrat und Struktur: die regelmäßigen Mahlzeiten. Obwohl man ja, wie erwähnt, nichts Nennenswertes zu essen bekommt. Allenfalls, sie müssen allerdings eigens beantragt werden, sogenannte Kauhilfen, also winzige Buchweizenbrotstücke, die man, mit einem Teelöffel Hanf- oder Leinsamenöl ergänzt, wie ein Wiederkäuer minutenlang kauen, einspeicheln und im Mund hin und her bewegen soll.

Das Allererste, das einem in Kuranstalten nach dem F.-X.-Mayr-Prinzip beigebracht wird, ist, sich ganz aufs Essen zu konzentrieren. Man darf dabei nicht quatschen, nicht lesen, man soll ausschließlich auf den Kauvorgang achten. In den Speisesälen kann man aus dem Fenster starren oder mit den anderen Kurgästen Augenkontakt aufnehmen, die zumeist ebenfalls allein an ihren weiß gedeckten Tischen sitzen. Das hat aber keinen Sinn, da man sich ja während des Essens ohnehin nicht unterhalten darf.

Im Speisesaal – ich hatte natürlich auch den *Zauberberg* dabei – herrschte disziplinierte Essruhe. Keine Spur der von Thomas Mann beschriebenen Betriebsamkeit eines Sanatoriums (»Manchmal gehe es hoch her im Restaurant, sagte Joachim; auch Champagner werde serviert«). Champagner wird in Kuranstalten nicht mehr serviert, und Figuren wie diese hier aus dem *Zauberberg* findet man heutzutage leider auch nicht mehr in den Speisesälen: »Jetzt saß niemand als eine einzelne etwa dreißigjährige Dame darin, die in einem Buche las, aber dabei vor sich hin summte und mit dem Mittelfinger der linken Hand immerfort leicht auf das Tischtuch klopfte. Als die jungen Leute sich niedergelassen hatten, wechselte sie den Platz, um ihnen den Rücken zuzuwenden. Sie sei menschenscheu, erklärte Joachim leise, und esse immer mit einem Buche im Restaurant. Man wollte wissen, dass sie schon als ganz junges Mädchen in Lungensanatorien eingetreten sei und seitdem nicht mehr in der Welt gelebt habe.«

Nicht mehr in der Welt leben! Ist das nicht insgeheim unser aller Traum? Eines der Bücher, das ich dabeihatte, war, neben dem *Zauberberg*, Jens Jessens *Was vom Adel blieb*, in dem Jessen folgenden Satz seiner Mutter zitiert: »Unsereins ist fürs Sanatorium geboren.« Ich weiß, was sie meinte. Bei halb geöffnetem Fenster im Bademantel auf dem Bett liegen, den Blick auf die Berge, mit einem Buch auf dem Bauch einschlafen. Ich könnte das auch längerfristig …

Mein Lieblingsort in der Kuranstalt: der hiesige Sauna- und Spabereich, in dem übrigens keine Geschlechtertrennung herrschte. Für mich als nordischer Saunagänger kein Problem, für die weiblichen Gäste aus dem Orient ungewohnt. Immerhin gestattete mir dieser Umstand das Mithören allerlei Gespräche, die mir eine Ahnung davon vermittelten, dass, so interessant das alles mit der Ernährung und dem Fasten und dem Entschlacken auch sein mag, man ein monotones Dasein fristet, wenn sich bei einem irgendwann alles nur noch um die Pflege und Erhaltung des eigenen Körpers und eine möglichst makellose Ernährung dreht. Wenn man immer wieder mit anhören muss, welche fermentierten Substanzen die höchste probiotische Wirkung hätten, wie fantastisch inzwischen die Auswahl an Algen sei, dass Hanfmilch, auch wegen der Folsäuren und Omega-Fettsäuren, die einzig brauchbare Alternative zu Soja- oder Hafermilch sei, wie nahrhaft Avocados seien und dass diese sich auch als Gesichtsmaske eigneten (jene Avocados wohlgemerkt, die ähnlich viele Flugmeilen auf ihren »Miles & More«-Konten haben wie die Damen selbst), kann man nicht anders, als sehnsüchtig an eine Welt zurückzudenken, als Übergewicht nicht das zentrale Problem der Menschheit war.

Für alle, die Yuval Noah Hararis *Homo Deus* nicht gelesen haben, hier ein paar Zahlen: »Während die reichen Bewohner von Beverly Hills sich an Gartensalat und gedämpftem Tofu mit Quinoa erfreuen, stopfen die Armen in den Slums und Gettos Schokoriegel, Käsesnacks, Hamburger und Pizza in sich hinein. Im Jahr 2014 waren mehr als 2,1 Milliarden Menschen übergewichtig, während 850 Millionen an Unterernährung litten. Für 2030 geht man davon aus, dass die Hälfte der Menschheit Übergewicht haben wird. 2010 starben rund eine Million Menschen an Hunger beziehungsweise Unterernährung, während der Fettleibigkeit drei Millionen zum Opfer fielen.«

Irgendwas läuft mit unserer Ernährung auf der Welt falsch. Sonst würden in armen Ländern wie Mexiko nicht so viele an Fettleibigkeit leiden, in unseren Breiten würden die erfolgreichsten Bestseller keine Diätbücher sein, und aus Ländern, in denen gerade erst der Wohlstand ausgebrochen ist, würden keine reichen Frauen zu Kuren ins Salzkammergut pilgern.

Drei Wochen dauerte mein Aufenthalt im Luxussanatorium. Eine berauschende Zeit. Auch schlanker war ich danach. Und vitaler. Das mit der Konzentration aufs Essen zog ich noch etwa zwei weitere Wochen durch, dann fiel ich zurück in alte Essmuster. Mein Bauchumfang ist inzwischen wieder fast so groß wie vor der Kur. Dennoch bin ich überzeugt, mir Gutes getan zu haben. Auch unsere Vorfahren, die Jäger und Sammler, kannten üppige und magere Zeiten, und Gewichtsschwankungen sind erwiesenermaßen überhaupt nicht ungesund, es ist nur mühsam, in Eile immer die Hosen zu finden, die einem gerade passen. Angeblich liegt die gesundheitsfördernde Wirkung des regelmäßigen Fastens auch gar nicht so sehr im Gewichtsverlust. 2016 erhielt der Japaner Yoshinori Ohsumi den Nobelpreis für Medizin für die Entdeckung, was im Körper Wunderbares geschieht, wenn man täglich einen 16-stündigen Essensverzicht hinnimmt (»intermittierendes Fasten«): Die Zellen werden ausgemistet. Der zu googelnde Fachbegriff lautet »Autophagie«. Der Körper verwertet, um für Ersatz für den ausbleibenden Nahrungsnachschub zu sorgen, zunächst alles in seinen Zellen, was er ohnehin längst loswerden wollte: schadhafte Proteine. Auf diese Weise wird der Körper unter anderem krebsfördernde Acrylamide und durch freie Radikale geschädigte Proteine los. Dieses Ausmisten setzt angeblich sogar bereits nach 12 bis 14 Stunden Fasten ein.

Die erste Lehre meiner Fastenkur ist also, regelmäßige, lange Esspausen einzuhalten. Da ich vor allem abends Appetit habe, gilt mein Ehrgeiz nun – in Ermangelung von Disziplin – der Einhaltung kleiner, fester Regeln. Regeln schaffen Routinen, und das schafft Gewohnheiten. Einmal (oder zweimal) die Woche faste ich nun ganz, 24 Stunden lang. Nach 20 Uhr (spätestens) esse ich nichts mehr, dafür zwinge ich mich nach etwa 12 bis 14 Stunden Essenspause zum Frühstücken. Mein Magen ist morgens zu, dennoch esse ich jeden Tag morgens entweder ein Porridge oder Vollkornfrühstücksflocken, dazu Hanfmilch und Leinsamen und ein paar Apfelschnipsel.

Große Vorsätze – »Ich esse nie mehr Kohlenhydrate«, »Nie mehr Bier« –, das kann ich aus bitterer Erfahrung berichten, enden schnell in der Kapitulation. Ich versuche, mich an kleine, realistische Ziele zu halten und die dann stückweise nach oben zu korrigieren. Mein Tipp für Bierliebhaber für den Übergang ist übrigens: die Saure. So nennt man in Niederbayern, dem Herzen Bayerns, helles Bier, das zur Hälfte mit Mineralwasser vermischt wird.

Das Wichtigste: die Dinge vereinfachen! Die beste Diät für einen selbst *und* die Umwelt ist wahrscheinlich die »Planetary Health Diet«, die man wie folgt zusammenfassen kann: viel Grünzeug, möglichst kein Zucker, wenig Tier. Für die einfachste und zugleich effektivste Diät der Welt benötigt man weder Anleitung noch Ernährungsratgeber: FDH. Weniger essen. Mehr bewegen. Punkt.

Den eigenen Körper zu retten ist die eine, die Welt zu retten eine andere Sache. Man kann sich lange darüber streiten, ob die Ernährung der Welt mit Biolandwirtschaft gewährleistet werden könnte oder ob das nur mit industrieller Landwirtschaft und unter Zugabe hoch dosierter chemischer Substanzen machbar ist. Meine Vermutung ist, dass bereits der Begriff »die Welt ernähren« fehlgeleitet ist. Meines Wissens bereitet die Bekämpfung des Hungers Entwicklungshelfern gar nicht mehr so großes Kopfzerbrechen, 70 Prozent aller landwirtschaftlichen Produkte dieser Welt werden von Kleinbauern produziert. Die würden das mit der »Ernährung der Welt« vermutlich hinkriegen, wenn man ihnen dabei helfen würde und wenn wir nicht die Hälfte unserer Ackerflächen sprichwörtlich verwüsten würden, nur um unser Vieh zu ernähren, auf dessen massenhaften Verzehr wir bestehen. Mir schwant auch, dass es mittelfristig ziemlich egal ist, auf welche Art von Landwirtschaft wir setzen; wenn sich der westliche Lebensstil mit seinen Konsumgewohnheiten auf der ganzen Welt ausbreitet, wird keine Form von Landwirtschaft das »nachhaltig« bewältigen können.

Für mich ist die Beantwortung der Frage, ob man bio oder konventioneller Landwirtschaft den Vorzug geben sollte, recht einfach. Beim Kauf von Obst und Gemüse frage ich mich:

Betrachte ich den Boden als wasserhaltendes Etwas, in dem die Pflanzen einfach nur gerade stehen sollen? Dann tut's auch Ware, die auf Kunstwolle in einem fabrikartigen Gewächshaus in Holland gewachsen ist. Oder finde ich, dass der Boden etwas Lebendiges sein sollte, das die Pflanzen mit Nährstoffen versorgt? Bei Fleisch frage ich mich: Sehe ich Tiere als Gegenstand, dessen Aufgabe sich darauf beschränkt, mit maximalem Output Eier, Fleisch oder Milch zu liefern, und der in Fabriken zu Hunderttausenden gehalten werden kann? Oder als Mitgeschöpf, das Recht auf eine artgerechte Behandlung hat? Dann fällt die Entscheidung leicht. Eckart von Hirschhausen schlägt übrigens vor, bei Lebensmitteln eine CO_2-Angabe auf die Verpackung zu schreiben, so wie auch Kalorien draufstehen, um so ein Bewusstsein dafür zu schaffen, dass eine Rindfleischsuppe zehnmal so viel Treibhausgase erzeugt wie eine Gemüsesuppe. »Dann denkt der Verbraucher: Ist die zehnmal so gut? Nö.«

Es gibt tatsächlich keinen wirksameren Hebel für die Verminderung von Emissionen und Ressourcenverschwendung als die eigene Ernährung. Man kann, vereinfacht gesagt, so viel fliegen, wie man will, das fällt im Vergleich zum Fußabdruck, den unsere Essgewohnheiten hinterlassen, kaum ins Gewicht. Im Schnitt verursachen die Deutschen mit ihrem privaten Konsum etwa 7,7 Tonnen CO_2 pro Kopf (der globale Durchschnitt ist übrigens 4,8 Tonnen). Bereits wenn wir aufhören würden, verarbeitete Nahrungsmittel (also Fertignahrung) und Fleisch zu konsumieren, wären wir schon mehr als eine Tonne los (im Vergleich: Der Verzicht auf Inlandsflüge würde gerade mal 0,28 Tonnen sparen).

Wie absurd, rein rechnerisch, unser Fleischkonsum ist, zeigt folgende einfache Rechnung: Für eine Kalorie, die wir als Fleisch konsumieren, sind zehn Kalorien nötig, die die Viecher als Futter bekommen.

Die bei Weitem schlechteste Klimabilanz hat Rindfleisch, gefolgt von Schweinefleisch, deutlich klimafreundlicher ist Geflügel, Wildfleisch belastet die Umwelt am wenigsten. Jeder

Deutsche verzehrt täglich durchschnittlich 165 Gramm Fleisch. Wenn sich jeder auf ein Drittel davon beschränken würde – zurück zum Sonntags- oder Festtagsbraten –, würde jeder Einzelne im Jahr bereits mehr als 100 Kilogramm CO_2 sparen.

Auf die Gefahr hin, des sogenannten *virtue signalling* bezichtigt zu werden, hier ein paar Dinge, auf die ich beim Lebensmitteleinkauf zu achten versuche:

- Ich gebe mir Mühe, nur regionale Produkte zu kaufen! Im »LPG« in der Kollwitzstraße, Berlins Biotempel, gibt es über 18 000 Bioprodukte. Die meisten davon haben eine Ökobilanz, die selbst einen VW-Diesel blass werden lassen. Die Birnen sind aus Argentinien, es gibt 250 Bioweine aus allen Winkeln der Welt, und die hier gefragteste Milch ist aus einer bayerischen Molkerei statt aus dem brandenburgischen Umland. Von der breiten Auswahl an Avocados ganz zu schweigen. Auch ich mag Guacamole, aber wer regelmäßig Avocados isst, kann sich auch gleich am Walfang beteiligen und sein Stör-Sushi in Kindertränen dippen. Ich habe mir vorgenommen, sie erst wieder zu essen, wenn ich in Acapulco oder sonst wo in Lateinamerika am Strand sitze, in absehbarer Zeit also wohl nicht.
- Ich lasse mich nicht mehr von Packungen täuschen, auf denen fröhliche Tiere über grüne Wiesen tollen! Je mehr Natürlichkeit ein Produkt durch putzige Bilder vorgaukelt, desto verdächtiger sind sie mir. Die beste, wenn auch ein wenig radikale Regel, die ich je bezüglich Lebensmitteleinkauf gehört habe, lautet: Kauf nichts, auf dem eine Aufschrift ist! Damit erledigt sich auch das mit dem Verpackungsmüll (und mit dem Bauchumfang). Meine größten Fressschübe ereilen mich eigentlich nur spätabends, da verlangt mein Gehirn nach Kohlenhydraten. Alles, was mir dann gefährlich werden kann, kommt in Verpackungen daher, angeführt von der Eiscreme von Ben & Jerry's. Habe ich gar nichts mit Verpackungen im Haus,

fällt das aus, weil es kaum geschehen wird, dass ich mich stattdessen über die Radieschen hermache. Wenn man auf den Kauf von Dingen verzichtet, die verpackt sind, ist man auch wieder gezwungen, selbst zu kochen, statt Fertigprodukte zu kaufen.

- Wenn ich Verpacktes kaufe, dann greife ich gezielt zu Dingen, die im Glas verkauft werden. Der Transport von Glas ist verhältnismäßig aufwendig, deshalb hat die Industrie Interesse an Plastik- und Einwegverpackungen. Dinge, die im Glas ausgeliefert werden, sind meist aus der Region. Außer beim Bier. Da muss man schon in Ober- oder Niederbayern wohnen, um für den Genuss bester Ware nicht die Ökobilanz von Avocado-Aficionados zu teilen.
- Die nächste – und schwerste – Regel: saisonal kaufen! Ich weiß, der Kasten, den einem der Bioladen zustellt, wenn man sich zum »Saison-Gemüse-Abo« entschieden hat, kann trostlos aussehen, aber erst der Zwang sich einzuschränken fördert die Kreativität und letztlich den Genuss. Wenn man immer alles haben kann, macht es am Ende auch gar keinen rechten Spaß mehr. Nichts ist so langweilig wie das Leben im Schlaraffenland. Wenn man versucht, sich »saisonal« zu ernähren (im Internet gibt es hilfreiche Kalender dafür), macht es auch viel mehr Spaß, sich Ausnahmen zu erlauben. Erdbeeren im Frühjahr fühlen sich dann fast so an, als würde man illegalen Kaviar aus dem Kaspischen Meer essen.

Wer wirklich an der vordersten Front der agro-ökologischen Revolution kämpfen will, für den gibt es übrigens noch den Weg als Mikrogärtner. Dem *urban farming*, den sich selbst versorgenden Kollektiven, gehört die Zukunft. Diversität, kleine Einheiten statt weltumspannende Nahrungskonzerne und Mega-Bio-Stores.

Es gibt inzwischen in den meisten Gegenden Deutschlands

sogar Bauern, die Städtern, denen es im grünen Daumen juckt, kleine Parzellen zum Anbau von Gemüse zur Verfügung stellen. Für Berliner, die das reizvoll finden, aber den langen Weg vom Prenzlauer Berg raus nach Brandenburg scheuen, gibt es inzwischen sogar ein Start-up namens »IP-Garten«, der die Gärtnerarbeit für einen übernimmt. Man dirigiert dann vom Computer zu Hause oder per App, wann die Pflanzen gegossen und geerntet werden, echte Gärtner führen das für einen aus, die Ernte wird einem dann in einem urigen Holzkarton geliefert. Gartenarbeit soll ja, womöglich trifft das sogar auf die virtuelle zu, sehr therapeutisch sein. Und Selbstangebautes zu essen steigert die euphorisierende Wirkung des Essens angeblich. Ich versuche es – jeder große Weg beginnt mit einem kleinen Schritt – erst einmal mit Schnittlauch auf dem Fensterbrett. Das schmeckt köstlich auf Bauernbrot mit kalter Butter.

Übrigens hat Butter eine noch schlechtere Klimabilanz als Rindfleisch. Aber irgendwo hat mein grünes Gewissen Grenzen.

EINSICHTEN

Aus Gesellschaft und Psychologie

Rolf Dobelli
Die Kunst des digitalen Lebens

NEWS SIND FÜR DEN GEIST, WAS ZUCKER FÜR DEN KÖRPER IST

Was genau sind News? Die einfachste Definition: »Kurznachrichten aus aller Welt«. Ein Busunglück in Australien. Ein Erdbeben in Guatemala. Staatspräsident A trifft Staatspräsident B. Schauspielerin C hat sich von D getrennt. Regierungsumbildung in Italien. Raketenstart in Nordkorea. Eine App, die alle Rekorde bricht. Ein Mann aus Texas verspeist fünf Kilo lebende Würmer. Ein Weltkonzern feuert seinen CEO. Der Tweet eines Politikers. Ein neuer UNO-Generalsekretär. Ein Mann sticht seine Großmutter nieder. Die Nobelpreiskandidaten. Ein Friedensabkommen. Ein Hai beißt einem Taucher die Beine ab. China baut einen neuen Flugzeugträger. Ein Bestechungsskandal. Die EZB warnt vor einer Rezession. Gipfeltreffen der G7, G8, G20, G87, G123. Argentinien ist zahlungsunfähig. Ein Unternehmer wandert ins Gefängnis. Eine Regierung dankt ab. Ein Putsch. Ein Schiffsunglück. Der Schlusskurs des Dow Jones.

Manchmal nennen die Medien diese Kurznachrichten großspurig *Breaking News* oder *Top World Headlines*. Das ändert aber nichts daran, dass sie für Ihre persönliche Welt größtenteils irrelevant sind. Ja, Sie können getrost davon ausgehen: je mehr *breaking,* desto belangloser.

News sind – verglichen mit Büchern – eine junge Erfindung. Das Format ist gerade mal 350 Jahre alt. Die erste Tageszeitung kam 1650 auf den Markt – die *Einkommende Zeitung* in Leipzig. Wenige Jahrzehnte später gab es Hunderte von Tageszeitungen in Europa. Nachrichten waren endgültig zu einem Geschäft geworden. Alles, was das Interesse der Leser schürte und so den Verkauf der Zeitungen förderte, bezeichneten die

Herausgeber fortan als »berichtenswert« – egal ob wichtig oder unwichtig. An diesem fundamentalen Betrug – das Neue wird als das Relevante verkauft – hat sich bis heute nichts verändert. Es bleibt das dominante Modell, egal ob gedruckte Zeitung, Online-News, Social-Media-News, Radio oder *Tagesschau* im Fernsehen.

Was sich seit der ersten Zeitung verschärft hat, ist die Unverfrorenheit, die Vehemenz, die Lautstärke, mit der das Neue als das Relevante angepriesen wird. In den letzten zwanzig Jahren, mit der Etablierung des Internets und des Smartphones, hat sich die Sucht nach News zu einer gefährlichen Manie entwickelt. Man kann den News kaum mehr entfliehen. Es ist höchste Zeit, dass wir unsere Einstellung zur News-Flut überdenken. Es ist höchste Zeit, dass wir die Auswirkungen des News-Konsums erkennen und eine Detox-Kur einleiten.

Das Gegenprogramm zu den News sind die langen Formate: lange Zeitungs- und Zeitschriftenartikel, Essays, Features, Reportagen, Dokumentarsendungen und Bücher. Viele dieser Inhalte sind wertvoll, liefern neue Erkenntnisse und Hintergrundinformationen. Doch Vorsicht: Diese Formate sind noch lange keine Garantie für Relevanz. Solange sie in Medien erscheinen, die sich hauptsächlich über Werbung finanzieren, bleibt die Gefahr bestehen, dass sie den Neuigkeitswert über die Relevanz stellen. Weil ich mir nicht jedes Mal den Kopf darüber zerbrechen will, ob ein langer Artikel als wertvoll oder wertlos zu bewerten ist, verzichte ich gänzlich auf die Lektüre von Zeitungen (Print und Online), auf Radio und Fernsehen. Hinzu kommt, dass viele dieser langen Qualitätsformate ohnehin von einem Konfetti-Regen aus gehaltlosen Kurznachrichten umgeben sind. Mit anderen Worten: Sie sind oft news-verseucht. Und ich mag nicht aus verseuchten Quellen trinken. Zugegeben, ein radikaler Weg. In den nächsten Kapiteln zeige ich Ihnen, wie auch Sie ihn beschreiten können, um sich von den toxischen News zu befreien.

Unbestreitbar bleibt: Das Kurzfutter der täglichen News ist nicht nur komplett wertlos, sondern sogar schädlich. In den letzten Jahrzehnten haben wir viele Gefahren erkannt, die mit falscher Ernährung einhergehen: Insulinresistenz, Übergewicht, Anfälligkeit für Entzündungen und Müdigkeit. All das kann bis zu einem verfrühten Tod führen. Wir haben unsere Ernährung umgestellt und gelernt, den verführerischen Reizen von Zucker und anderen einfachen Kohlenhydraten zu widerstehen. In Bezug auf News sind wir heute an dem Punkt, wo wir in Bezug auf Zucker und Fast Food vor zwanzig Jahren standen, denn: News sind für den Geist, was Zucker für den Körper ist. News sind appetitlich, leicht verdaulich und gleichzeitig höchst schädlich. Die Medien füttern uns mit kleinen Häppchen trivialer Geschichten, mit Leckerbissen, die unseren Hunger nach Wissen aber keineswegs stillen. Anders als bei Büchern und langen, gut recherchierten Artikeln stellt sich beim News-Konsum keine Sättigung ein. Wir können unbegrenzte Mengen von Nachrichten verschlingen – und doch bleiben sie billige Zuckerbonbons. Die Nebenwirkungen zeigen sich – wie beim Zucker, Alkohol, Fast Food oder Rauchen – erst mit Verzögerung.

Eine gesunde Ernährung ist wichtig für den Körper, aber ebenso wichtig ist eine gesunde geistige Ernährung. Dieses Manifest soll ein Gegenprogramm zum *All-you-can-eat*-Menü der täglichen News sein.

DIE RADIKALE NEWS-ABSTINENZ

Habe ich Sie schon wachgerüttelt? Falls ja, dann können Sie sich den Rest meiner Ausführungen sparen. Was Sie *jetzt* sofort tun sollten: Verbannen Sie die News aus Ihrem Leben. Klinken Sie sich aus. Radikal. Erschweren Sie sich den Zugang zu all den Nachrichtenportalen, so gut es geht. Melden Sie sich von allen Nachrichten-Newslettern ab. Löschen Sie *jetzt gleich* die News-Apps auf Ihrem Smartphone und Ihrem iPad. Verkaufen Sie Ihren Fernseher (tun Sie auch das gleich jetzt, denn allzu lange werden die Leute keine Fernseher mehr kaufen). Löschen

Sie alle News-Seiten aus der Favoriten- und Lesezeichenliste Ihres Browsers. Wählen Sie als Startseite Ihres Browsers kein News-Portal. Entscheiden Sie sich stattdessen für eine Seite, die sich nie ändert; je unspektakulärer, desto besser. Meine ist Wikipedia.

Haben Sie auf Ihren Reisen immer genügend gute Bücher dabei – in gedruckter oder elektronischer Form. Wenn Sie in der Bahn oder im Flughafen sitzen und irgendwo eine Zeitung erspähen, lassen Sie sie liegen. Sie gewinnen nichts, wenn Sie sie durchblättern. Lenken Sie Ihren Blick bewusst weg von den Schlagzeilen – und hin zu ergiebigeren Dingen. Jawohl, lassen Sie die Zeitung oder die Zeitschrift einfach da, wo sie ist, so verführerisch sie auch vor Ihnen liegt.

Flughäfen stellen oft riesige Ständer mit Dutzenden von Gratiszeitschriften in den Terminals auf. Spazieren Sie einfach daran vorbei. Die meisten dieser Zeitschriften sind inhaltslose Werbeschleudern. Wenn Sie am Gate auf Ihren Flug warten, setzen Sie sich abseits von den Bildschirmen, die News in das Terminal pumpen. Irgendwelche »Talking Heads« auf *CNN*, *CNBC*, *FOX* oder *Bloomberg* sind das Letzte, was Ihr Hirn braucht. Am besten, Sie arbeiten, lesen ein Buch oder schauen sich in aller Ruhe den Flughafenbetrieb an und lassen Ihre Gedanken schweifen.

Viele Airlines ermöglichen Ihnen, kostenlos Zeitungen und Zeitschriften (keine Ahnung, warum nicht Bücher oder Hörbücher) auf Ihren iPad herunterzuladen. Hüten Sie sich davor. Die Medien werten damit bloß die Leserstatistik auf, damit sie ihr Werbe-Inventar teurer verkaufen können. Und natürlich lehnen Sie ab, wenn die Flugbegleiterin mit dem Zeitungsstapel vorbeikommt.

Wenn Sie ein Hotelzimmer betreten, werden Sie möglicherweise von einem lärmenden Bildschirm begrüßt, der Ihren Namen zeigt. Schalten Sie ihn aus, bevor Sie in Versuchung geraten, durch die Sender zu zappen. Am besten ziehen Sie gleich den Stecker – dann ist sicher Ruhe. Auf dem Tischchen des Hotelzimmers – dort, wo Sie eigentlich Ihren Laptop aufklappen und in Ruhe arbeiten wollten – versperrt Ihnen ziemlich sicher ein Stapel Zeitschriften den Platz. Auch das sind wieder reine Werbeschleudern. Verbannen Sie sie in den Schrank. Leider müssen Sie dieses Prozedere täglich wiederholen, denn die regeltreuen Housekeeping-Angestellten werden sie immer wieder aus dem Schrank ziehen und damit den ohnehin winzigen Arbeitsplatz zudecken. Am besten, Sie werfen die Hotelmagazine unter das Bett. Dort werden sie nicht gleich wieder entdeckt. Und selbstverständlich ordern Sie keine Tageszeitung, die am Morgen vor Ihrer Türe liegen soll. So weit die Tipps zum Reisen.

Wenn Sie die Illusion aufrechterhalten möchten, »nichts Wichtiges in der Welt zu verpassen«, schlage ich vor, dass Sie die wöchentliche Doppelseite »The world this week« mit den Zusammenfassungen des *Economist* überfliegen. Kostet Sie genau fünf Minuten pro Woche. So mach ich's. Und oft verzichte ich selbst darauf.

Vor allem: Lesen Sie Zeitschriften und Bücher, die nicht davor zurückschrecken, die Komplexität der Welt darzustellen, und die die Ressourcen dafür haben. In meinem Fall sind dies *The New Yorker, MIT Technology Review, Foreign Affairs* und die Wissenschaftsbeilagen des *Economist*. Wertvoll sind auch sogenannte Autorenblätter, also Zeitungen und Zeitschriften, die hauptsächlich Beiträge von Fachleuten versammeln. Geben Sie auch den neuen langformatigen Publikationen eine Chance: *Krautreporter* (Deutschland), *Die Republik* (Schweiz), *De Correspondent* (Holland und USA), *Civil.co* (USA) und viele andere. Die Welt ist nun mal komplex. Versuchen Sie, ein Buch pro Woche anzulesen. Wenn es Ihre Weltsicht nach zwanzig Seiten nicht erweitert oder verändert oder Sie anderweitig zu fesseln vermag, legen Sie es zur Seite. Wenn Sie hingegen ein Buch gefunden haben, das auf jeder zweiten Seite neue Erkenntnisse liefert, lesen Sie es zu Ende. Und lesen Sie's gleich doppelt, sofort nacheinander, ohne ein anderes Buch dazwischen. Der Wirkungsgrad beim Zweimallesen ist nicht doppelt so hoch wie beim einmaligen Lesen, sondern meiner Erfahrung nach rund zehnmal so hoch. Die Empfehlung, etwas zweimal zu lesen, gilt natürlich auch für lange Artikel.

Lesen Sie ab und zu Lehrbücher, sogenannte Textbooks. Es gibt keine bessere geistige Nahrung. Ein Textbook ist so intensiv und nahrhaft wie ein Bachelor-Studium. Sie brauchen eine Basis, um die Welt zu verstehen. Und dafür eignen sich Lehrbücher ganz besonders. Klingt unsexy, ist aber so. Wir verstehen nur das, was wir in Beziehung setzen können zu etwas, was wir schon verstanden haben.

Jawohl, googeln ist erlaubt! Das Internet ist voller erstklassiger Wissensquellen. Ab und zu werden Sie bei Ihrer Suche leider auf einer News-Seite landen. Das ist keine Tragödie. Nur müssen Sie aufpassen, dass Sie nicht vom Strudel der anderen News-Meldungen erfasst werden, die dort ebenfalls um Ihre Aufmerksamkeit buhlen. *Sie* müssen bestimmen, was Sie suchen. *Sie* müssen den Pfad vorgeben. Lassen Sie Ihre Aufmerksamkeit nicht durch die News-Medien diktieren.

Seit zehn Jahren ziehe ich den News-Verzicht konsequent durch. Die Auswirkung auf die Lebensqualität und die Qualität meiner Entscheidungen sind eindrücklich. Probieren Sie's. Sie haben nichts zu verlieren. Nur zu gewinnen.

DER 30-TAGE-PLAN

Die erste Woche Ihrer News-Abstinenz wird die schlimmste sein. Die News nicht abzurufen erfordert Disziplin. Am Anfang leben Sie in der schwirrenden Erwartung, dass jeden Moment etwas Schlimmes über die Welt hereinbrechen wird. Sie werden ein Kribbeln spüren, eine Nervosität, weil Sie denken, Sie seien auf die nächste Katastrophe nicht vorbereitet. Sie glauben, Sie seien im Nachteil und alle anderen Menschen im Vorteil. Sie werden sich ausgeschlossen oder sogar sozial isoliert fühlen. Sie werden jede Stunde in Versuchung geraten, einen Blick auf Ihre liebsten News-Portale zu werfen. Widerstehen Sie der Versuchung. Halten Sie an Ihrem Plan einer radikalen

News-Abstinenz fest. Leben Sie dreißig Tage ohne News. Sagen Sie sich: »Nach dreißig Tagen steht es mir frei, wieder zum alten Leben zurückzukehren. Aber diese dreißig Tage halte ich durch.« Warum dreißig Tage? Weil Sie dann ein erstes Gefühl von Gelassenheit und innerer Ruhe verspüren werden. Sie werden feststellen, dass Sie viel mehr Zeit haben, konzentrierter sind und die Welt besser verstehen.

Dreißig Tage sind eine wichtige Schwelle. Nach dreißig Tagen erkennen Sie, dass Sie trotz News-Abstinenz weder relevante Fakten verpasst haben noch welche verpassen werden. Wenn eine Information wirklich wichtig ist, werden Sie früh genug davon erfahren – aus der Fachpresse, von Ihren Freunden, Ihrer Schwiegermutter oder von jemand anderem, mit dem Sie sich unterhalten. Wenn Sie Ihre Freunde treffen, fragen Sie sie, ob etwas Wichtiges in der Welt geschehen sei. Die Frage ist ein idealer Gesprächsbeginn. Die Antwort lautet zumeist: »Eigentlich nicht.«

Nach dreißig Tagen dürfen Sie entscheiden, ob Sie zum alten, news-verseuchten Leben zurückkehren möchten. Falls Sie zurückkehren und später die News-Diät wieder in Angriff nehmen möchten, müssen Sie zurück auf Feld 1 und die ersten dreißig harten Tage wieder durchstehen. Die meisten Menschen, denen ich die News-Diät persönlich empfohlen habe, folgen ihr aber bis heute – weil die Vorteile des neuen Lebensgefühls die Nachteile um das Hundertfache überwiegen.

Sollten Sie die ersten dreißig Tage schon hinter sich haben, weil Sie vielleicht schon vor der Lektüre dieses Texts damit begonnen haben: herzlichen Glückwunsch. Sie haben soeben neunzig Minuten pro Tag gewonnen. Das entspricht einem Arbeitstag pro Woche. Selbst konservativ gerechnet, ist das mehr als ein Monat pro Jahr. Ihr Jahr hat nun endlich wieder zwölf Monate, nicht elf wie früher.

Was tun Sie mit der gewonnenen Zeit? Wie wäre es mit Büchern? Wie wäre es mit der Lektüre von sehr langen Zeitungs- und Zeitschriftenartikeln, besonders solchen, die von Experten verfasst wurden? Wie wäre es mit erstklassigen Kursen im Internet? Jawohl, absolvieren Sie einige der kostenlosen (oder kostenpflichtigen) Kurse – viele haben Weltklasseniveau: iTunes-University, Khan Academy, Udacity und Academic Earth. So werden Sie die Mechanismen verstehen, die der Welt zugrunde liegen. Gehen Sie in die Tiefe statt in die Breite. Befassen Sie sich mit Inhalten, die wirklich relevant sind und die Ihren Kompetenzkreis berühren. Der Kompetenzkreis ist die Nische, in der Sie weit überdurchschnittlich gut sind (oder alles daransetzen, überdurchschnittlich zu werden), kurzum Ihr Fachbereich.

Wie wäre es mit Nachdenken? Seit der Gründung von Microsoft gönnt sich Bill Gates zweimal im Jahr je eine volle Woche Nachdenkzeit. Eine sogenannte *Think Week*. Er packt einen ganzen Koffer voller Bücher und einen Stapel Notizpapier ein und verschwindet damit auf eine einsame Insel. Tun Sie das auch. Sie haben sie jetzt ja, diese zwei zusätzlichen Wochen – mehr sogar. Mit der News-Abstinenz haben Sie soeben sogar vier Wochen pro Jahr geschenkt bekommen. Übrigens: Es muss nicht eine Privatinsel sein. Eine abgelegene Berghütte funktioniert genauso gut.

Sie werden einen uneinholbaren Vorteil gegenüber Ihren Mitmenschen und Konkurrenten genießen (es sei denn, die beginnen auch zu fasten). Denn: Sobald eine Nachricht in der Welt ist, ist sie im allgemeinen Konsens enthalten. Sie haben aber nur dann einen Vorteil, wenn Sie Zusammenhänge erkennen, die a) richtig und b) *nicht* schon allgemeiner Konsens sind. Und diesen Zusammenhängen kommen Sie nur durch intensives Nachdenken auf die Spur.

Auf der ersten Stufe der News-Abstinenz, in den ersten dreißig Tagen, müssen Sie sich buchstäblich *zwingen*, keine Nachrichten zu konsumieren. Der Impuls ist zwar noch da, aber Ihre Willenskraft ist stärker. Nach einer Weile wird auch der Drang schwinden. Sie brauchen kaum mehr Willenskraft aufzubieten, ja, Sie haben nicht einmal mehr Lust auf News. Damit ist die zweite Stufe erreicht.

Auf der dritten Stufe entwickeln Sie sogar eine Aversion

gegen News. Sie wenden den Kopf automatisch von den Schlagzeilen ab, die sich Ihnen in den herumliegenden Zeitungen, an den Kioskaushängen oder von den öffentlichen Bildschirmen her aufdrängen wollen. Wenn Sie die dritte Stufe erreicht haben, nochmals Glückwunsch! Sie sind jetzt »newsclean« und haben Ihr Leben zurückgewonnen.

DIE SANFTE NEWS-DIÄT

Falls Ihnen mein Weg zu radikal erscheint, empfehle ich Ihnen den »sanften Weg«. Der geht so: Verzichten Sie komplett auf alle Tageszeitungen (Print und Online), auf Radio, Fernsehen und auf den News-Strom der sozialen Medien. Lesen Sie stattdessen eine einzige Wochenzeitung (bzw. -zeitschrift). Eine. Nicht zwei oder drei. Lesen Sie sie als gedruckte Zeitung, nicht als Online-Zeitung – aus dem einfachen Grund, dass die gedruckte Zeitung keine Hyperlinks enthält. Hyperlinks sind aus zwei Gründen problematisch. Erstens, Sie müssen jedes Mal entscheiden, ob Sie auf einen Link klicken oder nicht – was Zeit, Aufmerksamkeit und eine Prise Willenskraft kostet. Zweitens, wenn Sie auf den Link klicken, führt er Sie weg vom eigentlichen Artikel, und im Nu verlieren Sie sich in den Weiten des Internets, hin und her geworfen wie ein Stück Treibgut.

Gehen Sie die Wochenzeitung oder -zeitschrift, für die Sie sich entschieden haben, in einem Zug durch. Verteilen Sie die Lektüre nicht auf mehrere Sitzungen und schon gar nicht auf mehrere Tage. Am besten, Sie setzen sich ein Zeitlimit von, sagen wir, sechzig Minuten für die ganze Zeitung. Stellen Sie ruhig den Timer. So minimieren Sie den Einfluss schädlicher News auf Ihr Hirn und Ihre Psyche. Welche Zeitungen kommen infrage? Jene, die am wenigsten reißerisch daherkommen und sich nur zu einem geringen Teil über Werbung finanzieren. Aber, wie gesagt, wählen Sie eine einzige.

Im nächsten Schritt reduzieren Sie die Lektüre auf eine fixe Anzahl von Artikeln pro Ausgabe. Freunde von mir lesen ausschließlich den *Economist* und darin ausschließlich die Leitartikel (jeweils fünf an der Zahl unter dem Titel »Leaders«). Andere lesen den Leitartikel des *Spiegel* und verzichten auf alles andere. Wieder andere beschränken sich auf das Editorial des *Weltwoche*- oder *Zeit*-Chefredakteurs oder das Op-ed in der *Financial-Times-Weekend*-Ausgabe. Idealerweise wählen Sie ein Format, das sich von Woche zu Woche nicht – oder nur geringfügig – verändert und das immer auf derselben Seite zu finden ist.

Sie haben Angst, dass Sie durch diese restriktive Auswahl etwas Wichtiges verpassen? Ich kann Sie beruhigen. Wenn Sie beispielsweise jede Woche den *Spiegel*-Leitartikel lesen, werden Sie zweiundfünfzig Artikel im Jahr aufgenommen haben. Alle wichtigsten Vorkommnisse des Jahres werden darin erwähnt sein.

Nachdem Sie den »sanften Weg« einige Monate lang beschritten haben, sind Sie vielleicht bereit, auf den »radikalen Weg« umzusteigen. Hierzu empfehle ich Ihnen diesen Zwischenschritt: Wenn die aktuelle Ausgabe Ihrer einzigen Wochenzeitung oder -zeitschrift im Briefkasten liegt, legen Sie sie ungelesen in eine Schublade und lesen stattdessen eine Ausgabe, die mindestens einen Monat alt ist. Die großen Themen, über die Ihre Freunde sprechen (Syrienkrieg, Handelskrieg, Brexit, was auch immer), werden schon in der etwas älteren Ausgabe vorkommen. Mit der Lektüre alter Ausgaben reduzieren Sie die Gefahr, dass Sie zurück in den News-Strudel gezogen werden. Durch dieses Selbstexperiment werden Sie das Gefühl der Sicherheit erfahren, nichts Wichtiges zu verpassen. Sie werden selbstbewusster und standfester beim Vermeiden von News.

Seien Sie trotzdem gewarnt: Die »sanfte« News-Diät ist viel gefährlicher als die radikale, weil Sie hart am News-Wind segeln. Der Sirenengesang der News-Medien wird viel lauter, süßer und verlockender sein. Wenn Sie es sich zutrauen – und ich hoffe es –, dann schlagen Sie von Anfang an den radikalen Weg ein: den kompletten News-Verzicht.

Was tun, wenn Sie Rückfälle erleiden? Ich hatte sie auch: bei der Wahl von Trump 2016. Plötzlich fand ich mich im News-Strom des Wahlkampffiebers. Damals konsultierte ich täglich die Webseiten der *New York Times* und der *NZZ*. Bis ich feststellen musste, dass die News mich bloß aufregten und ich ja ohnehin nichts beeinflussen konnte. Bald spürte ich all die negativen Effekte – die Nervosität, die Denkfehler, die Zeitverschwendung. Zudem fühlte ich mich schlecht, weil ich gegen meinen eigenen Vorsatz verstoßen hatte. Ich war also gleich doppelt in meinem Gleichgewicht gestört. Nach genau vier Wochen drehte ich den News-Hahn wieder zu. Also, was tun bei Rückfällen? Dasselbe, was man auch bei Rückfällen von Alkoholismus tut: einfach wieder von vorne beginnen, zurückkehren zur Nulltoleranz. Das gilt natürlich sowohl für die radikale als auch für die sanfte News-Diät.

NEWS SIND GIFT FÜR DEN KÖRPER

Stellen Sie sich zwei hypothetische Tierarten vor. Das Hirn der Tierart A reagiert vorwiegend auf negative Informationen. Das Hirn der Tierart B hingegen wird eher dann aktiv, wenn es positive Informationen erhält. Wer hat ein besseres Leben? Natürlich Tierart B: Während sich die As gestresst und sorgenvoll durchs Leben quälen, genießen die Bs die Sonnenseiten ihrer Existenz. Sie freuen sich über all die schönen Dinge, die sie zu Gehör und Gesicht bekommen, und lächeln alles Negative einfach weg. Wer lebt länger? Natürlich die As. Die Bs, so beneidenswert ihre sonnige Psychologie auch ist, werden nach wenigen Monaten aus dem Genpool entfernt sein. Überleben werden nur die As. Um zu überleben, muss eine Tierart ständig auf der Hut sein, also überempfindlich auf negative Informationen reagieren. Wir sind diese Tierart A.

Schlecht wird als relevanter empfunden als gut. Negative Informationen wirken daher etwa doppelt so stark auf uns ein wie positive. Die Psychologie nennt dies *Negativity Bias*. Dieses Verhalten ist schon bei einjährigen Säuglingen zu beobachten. Säuglinge reagieren empfindlicher auf negative als auf positive Reize. Bei uns Erwachsenen ist das nicht anders. Eine Aktie, die um zehn Prozent fällt, macht uns doppelt so unglücklich, wie eine um zehn Prozent steigende Aktie uns glücklich macht. Der *Negativity Bias* ist uns angeboren. Die News-Medien haben uns das Faible für negative Informationen also nicht eingeimpft, sie spielen bloß gekonnt damit. Sie liefern uns einen Strom schockierender Geschichten, die perfekt auf unser sorgenvolles Hirn zugeschnitten sind.

News halten den sogenannten Sympathikus – einen Teil des vegetativen Nervensystems – auf Trab. Jede aufwühlende Story kann zur Ausschüttung des Stresshormons Cortisol führen. Cortisol fließt in kleineren oder größeren Mengen in die Blutbahn, schwächt das Immunsystem und hemmt die Produktion von Wachstumshormonen. Wenn Sie News konsumieren, setzen Sie Ihren Körper unter Stress. Chronischer Stress wiederum führt zu Verdauungs- und Wachstumsstörungen (Zellen, Haare, Knochen), zu Nervosität und Anfälligkeit für Infektionen. Andere potenzielle Nebenwirkungen des News-Konsums sind Angstzustände, Aggressivität, Tunnelblick und emotionale Unempfindlichkeit. Kurzum, News-Konsumenten setzen ihre psychische und physische Gesundheit aufs Spiel.

Einer Studie der American Psychological Association zufolge leidet die Hälfte aller Erwachsenen unter Stresssymptomen, die durch Newskonsum verursacht werden. Das überrascht nicht. Denn zwei Dinge haben sich in den letzten zehn Jahren radikal verändert: Zum einen konsumieren wir deutlich mehr News als früher – dank der omnipräsenten Handys und News-Screens überall. Jeder zehnte Amerikaner checkt die Weltnachrichten einmal pro Stunde. Bei Social-Media-Feeds sind die Raten noch höher. Zum anderen kommen die News immer greller und schockierender daher. Professor Graham Davey, Chefredakteur des *Journal of Experimental Psychopathology*, bestätigt, dass diese beiden Veränderungen oft schädliche Auswirkungen auf die mentale Gesundheit der News-

Konsumenten haben. Einige News-Videos sind so intensiv, dass sie akute Stresssymptome wie Schlafstörungen, Stimmungsschwankungen, aggressives Verhalten oder sogar PTSD auslösen.

Jedermann hat persönliche Sorgen. Manchmal überwältigen sie uns und machen uns handlungsunfähig. In einer gesunden Lebensumgebung gibt es jede Menge Tricks, um mit solchen schwierigen Situationen besser klarzukommen (die ich im Buch *Die Kunst des guten Lebens* beschrieben habe). Dummerweise macht der News-Konsum diesen Coping-Methoden einen Strich durch die Rechnung. Professor Davey hat nachgewiesen, dass negative Fernsehnachrichten persönliche Sorgen verstärken, selbst wenn beide Dinge inhaltlich nichts miteinander zu tun haben.

Wer gesund leben möchte, braucht Willenskraft. Willenskraft, um klar zu denken, produktiv zu arbeiten, sich gesund zu ernähren und den Körper in Schwung zu halten. Leider sinkt die Willenskraft mit zunehmendem Stress. Das führt zu Handlungsaufschub (Prokrastination). Man ersetzt die unangenehmen, aber wichtigen Handlungen mit angenehmen, aber unwichtigen. Man substituiert zum Beispiel den anstrengenden Gang ins Fitnesscenter mit dem Surfen von News-Seiten. Nun haben wir den Teufelskreis: Nachrichtenkonsum führt zu chronischem Stress, Stress reduziert die Willenskraft. Bei fehlender Willenskraft surft man lieber noch ein bisschen länger im Netz, was zu noch mehr Stress führt und die Willenskraft weiter abbaut.

Das Fazit ist eindeutig: Nachrichtenkonsum reduziert Ihre Lebensqualität. Sie gehen gestresster durchs Leben, sind gereizter, anfälliger für Krankheiten, und Sie werden früher sterben. Das ist eine besonders traurige Nachricht – aber immerhin eine, die Ihre Aufmerksamkeit verdient hat.

- Es gibt keinen bestimmten Tag, an dem die News erfunden wurden. Schon kurz nach der Erfindung des Buchdrucks um 1450 entstanden Flugblätter mit einer breiten Leserschaft. Allerdings handelte es sich zum größten Teil um *Opinion Pieces,* wie man heute sagen würde. Es ging um religiöse oder politische Überzeugungs- und Propagandaschriften. Parallel dazu entwickelte sich eine private Newsletter-Industrie auf Subskriptionsbasis. Diese Newsletter waren sehr teuer zu abonnieren und auf eine ausgewählte Schicht von Händlern und Bankiers zugeschnitten. Sie berichteten von politischen Umwälzungen und Ernten im In- und Ausland, und sie führten auf, welche Schiffe mit welcher Fracht in welchen Häfen eingelaufen waren – ähnlich wie die heutigen hoch spezialisierten Business-Newsletter. Die ersten wirklichen Zeitungen, die Fakten aus aller Welt lieferten und für ein breites Publikum konzipiert waren, kamen Anfang des 17. Jahrhunderts auf den Markt. Die allererste war eine *Wochenzeitung* in Strasbourg (1609), dann eine in Wolfenbüttel. Die Zeitungsmanie sprang von Deutschland aus nach Amsterdam, London und schließlich in alle Städte Europas über. 1640 gab es allein in Amsterdam neun Zeitungen. Die erste Tageszeitung kam 1650 in Leipzig auf den Markt: die *Einkommende Zeitung*. Die erste wirklich erfolgreiche *Tages*zeitung kam im Jahr 1702 in London heraus, der *Daily Courant*. Wenn Sie mehr über die Geschichte der News erfahren möchten, empfehle ich Ihnen diese beiden Bücher: Pettegree, Andrew: *The Invention of News: How the World Came to Know About Itself,* Yale University Press, 2014. Und Stephens, Mitchell: *A History of News,* Wadsworth Publishing, 1996.
- Übrigens, wenn man von Gutenberg spricht, darf man nicht vergessen, dass die Chinesen den Buchdruck mit bewegli-

chen Lettern dreihundert Jahre zuvor erfunden hatten. Nur setzte sich die Erfindung nicht durch, da das Chinesische schlicht zu viele Schriftzeichen hat.

- Wegen der hohen Produktionskosten von Büchern und der daraus resultierenden hohen Verkaufspreise mussten sie zwangsläufig über ein geografisch weites Gebiet verkauft werden. Das machte das Buch-Business für die Drucker wenig rentabel. Was hingegen Geld einbrachte, waren sogenannte Pamphlete. Das waren zwar noch keine Zeitungen, aber kurze Texte zu irgendeinem Ereignis. Sie konnten zu einem geringeren Preis verkauft werden – und zwar lokal. Das ist der Grund, weshalb schon damals die Drucker (Verleger) News im Gegensatz zu Büchern bevorzugten. »Pamphlets of this sort offered far quicker returns than more substantial books, especially as most of the copies printed could usually be disseminated locally. One can easily see why publishers were so eager to feed an appetite for news …« (Pettegree, Andrew: *The Invention of News*, S. 73).

Die radikale News-Abstinenz

- Was ich sonst so lese? Bücher. Ab und zu lange Artikel aus Qualitätsmedien – je länger, desto besser. *Foreign Affairs, MIT Technology Review,* wissenschaftliche Zeitschriften wie *Science* oder *Nature,* die Wissenschaftsbeilagen des *Economist* und ab und zu ein Feuilleton. Am liebsten sind mir Autorenblätter, also Zeitungen und Zeitschriften, die vorwiegend Experten zu Wort kommen lassen. Journalisten, das ist schade, sind selten Experten auf einem Gebiet. Das ist nicht ihre Schuld. Der Druck der Medienhäuser zwingt sie, möglichst viel Content in möglichst vielen Bereichen zu produzieren. Übrigens: Wichtig beim Lesen ist mir, dass *ich* den Pfad der Informationsaufnahme vorgebe, nicht die Redaktionen. Ich bestimme das Thema, ich bestimme die Frage, die mich interessiert, dann mache ich mich auf die Suche nach Antworten, nach Erklärungen, nach Zusammenhängen. Ich möchte die Welt verstehen, in den »Maschinenraum der Welt« hineinschauen, so gut es geht, und dafür eignen sich lange Artikel, Features, Dokus und Sachbücher am besten. Verstehen kostet Zeit.

Der 30-Tage-Plan

- »Twice a year, Microsoft co-founder and billionaire philanthropist Bill Gates is known for going off the grid for what he calls ›think weeks‹. During these solitary retreats, Gates reads hundreds of newspapers (sic!), magazines, and company reports, chugs Diet Orange Crush, emails Microsoft employees about his strategies and visions, and reflects on the future of technology. Famously, one of his think weeks in 1995 led to an email sent to all executive staff titled ›The Internet Tidal Wave‹, which accurately predicted the future of web surfing and caused Microsoft to develop its own internet browser, defeating its competitor, Netscape. The lesson? To recharge our tired minds and come back stronger than our competition, we need to leave the regular routine and distractions of our office. Not all of us have the luxury to take ›a helicopter or seaplane to the two-story clapboard cottage on a quiet waterfront‹, as Gates has done for his think weeks. Some of us have bills to pay, children to feed, and a shortage of vacation days.« (https://www.theladders.com/career-advice/how-to-take-a-think-week-or-day-like-bill-gates; und Muller, Rebecca: »Bill Gates Spends Two Weeks Alone In The Forest Each Year. Here's Why«. In: *Thrive Global,* 23. Juli 2018, https://www.thriveglobal.com/stories/bill-gates-think-week/).
- Zu den drei Reifestufen: Einen ähnlichen Fortschritt hatte ich bei mir auf einem verwandten Gebiet beobachtet, dem Aktienportfolio. Täglich, manchmal stündlich, drückte ich auf die iPhone-App mit den Aktienkursen. Nun könnte man argumentieren, dass Börsenkurse um einiges relevanter seien als Nachrichten aus aller Welt, denn hier geht es um das

eigene, hart erarbeitete Geld und vor allem um die eigene Altersvorsorge. Doch plötzlich wurde mir klar: Mein Verhalten ist grenzwertig. Und vor allem unnütz. Denn als nicht professioneller Investor bin ich ohnehin nicht an kurzfristigen Marktbewegungen interessiert. Ich kaufe eine Aktie im Hinblick auf ihre langfristige Entwicklung – zehn Jahre, zwanzig Jahre. Warum also soll es mich interessieren, wenn der Kurs heute um ein Prozent hoch oder runter geht. Kommt hinzu, dass wir Verluste emotional doppelt so stark gewichten wie Gewinne. Das ist die sogenannte *Loss-Aversion*. Weil die Aktienkurse kurzfristig um einen Mittelwert schwanken – vielleicht steigt der Kurs in der ersten Stunde des Tages an, in der zweiten sinkt er (was emotional doppelt so stark zählt) –, ist der gefühlte Nettoeffekt negativ. Als mir dies klar wurde, *zwang* ich mich, die App nur noch einmal pro Woche zu zücken – jeweils am Freitag nach Börsenschluss. Anfänglich musste ich meine ganze Willenskraft aufbieten, um dem Finger das Drücken der App zu verbieten. Doch schon nach zwei Monaten war der Impuls eingeschlafen, und ich konnte mir die Willenskraft sparen. Heute gibt es Wochen, in denen ich komplett vergesse, die Börsenkurse anzuschauen. Mit anderen Worten: Die Stufe 2 ist erreicht. Die Stufe 3 – eine Aversion gegen Börsenkurse – werde ich vermutlich nie erreichen.

Die sanfte News-Diät

- Weil die Samstagsausgaben der Tageszeitungen oft dünner sind als die Wochentagsausgaben, empfehle ich Ihnen die Samstagsausgabe – falls Sie sich weder für eine reine Wochenzeitung noch für eine Zeitschrift entscheiden.

- Ich bevorzuge den radikalen Weg aus einem ganz bestimmten Grund: Selbst die Qualitätsmedien sind leider newsverseucht. Auch wenn eine Qualitätszeitung zum großen Teil aus gehaltvollen, langen Artikeln besteht, so sind diese Perlen doch umgeben von einem Konfettiregen aus gehaltlosen News. Daher mein puristischer Ansatz. Ich mag nicht aus verseuchten Quellen trinken. Dasselbe gilt für Radio- bzw. TV-Programme. Zweifellos gibt es inhaltlich hervorragende Radio- oder TV-Programme. Doch wenn ich alle halbe oder ganze Stunde durch News unterbrochen werde, stört mich das. Eine andere Metapher: Sie gehen wandern. Wenn Sie in die eine Richtung wandern, ist das Wetter immer schön. Wenn Sie in die andere Richtung wandern, ist das Wetter meistens schön, nur kommt etwa alle Stunde ein Tornado. Welche Richtung schlagen Sie ein?

- Warum vertrete ich eine so radikale Linie? Man könnte doch den News-Konsum einfach limitieren? Aber das wäre, als würde man sagen, man soll den Heroinkonsum ein bisschen limitieren. Trotzdem klingt die News-Diät für viele Menschen fundamentalistisch. »Nicht rauchen« klang früher auch fundamentalistisch. Heute versteht es jeder.

News sind Gift für den Körper

- Die Stressreaktion basiert auf der sogenannten »Glucocorticoid Excess Theory« von Sapolsky, Krey & McEwen. Sie besagt, dass psychologische Stressoren zur Ausschüttung von Adrenalin im Hypothalamus führen. Das Adrenalin wiederum führt zu einem Ansteigen von Kortisol, das die Hirnleistung (Erinnerungsvermögen und Willenskraft) schwächt. Siehe Sapolsky, Robert & C. Krey, Lewis & McEwen, Bruce (1986): »The neuroendocrinology of stress and aging: the glucocorticoid cascade hypothesis«. In: *Endocrine reviews,* 7, S. 284–301. 10.1210/edrv-7-3-284.
- Negativity Bias: https://en.wikipedia.org/wiki/Negativity_bias.
- Umfragen zeigen, dass sich Menschen über Stresssymptome wegen News-Konsum (vor allem Online-News) beklagen: »A recent survey from the American Psychological Association found that, for many Americans, ›news consumption has a downside‹. More than half of Americans say

the news causes them stress, and many report feeling anxiety, fatigue or sleep loss as a result, the survey shows. Yet one in 10 adults checks the news every hour, and fully 20 % of Americans report ›constantly‹ monitoring their social media feeds – which often exposes them to the latest news headlines, whether they like it or not … Davey says today's news is ›increasingly visual and shocking‹, and points to the inclusion of smartphone videos and audio clips as examples. These bystander-captured media can be so intense that they can cause symptoms of acute stress – like problems sleeping, mood swings or aggressive behavior – or even PTSD, he says.« (http://time.com/5125894/is-reading-news-bad-for-you/). »Some of Davey's research has shown that negative TV news is a significant mood-changer, and the moods it tends to produce are sadness and anxiety. ›Our studies also showed that this change in mood exacerbates the viewer's own personal worries, even when those worries are not directly relevant to the news stories being broadcast‹, he says.« (ebenda). Die wissenschaftliche Studie dazu: M. Johnston, Wendy & Davey, Graham (1997): »The psychological impact of negative TV news bulletins: The catastrophizing of personal worries«. In: *British Journal of Psychology* (London, 1953), 88 (Pt 1), S. 85–91. 10.1111/j.2044–8295. 1997.tb02622.x. Abstract: »This study investigated the effect of the emotional content of television news programmes on mood state and the catastrophizing of personal worries. Three groups were shown 14-min TV news bulletins that were edited to display either positive-, neutral- or negative-valenced material. Participants who watched the negatively valenced bulletin showed increases in both anxious and sad mood, and also showed a significant increase in the tendency to catastrophize a personal worry. The results are consistent with those theories of worry that implicate negative mood as a causal factor in facilitating worrisome thought. They also suggest that negatively valenced TV news programmes can exacerbate a range of personal concerns that are not specifically relevant to the content of the programme.«

- Siehe auch: Unz, Dagmar & Schwab, Frank & Winterhoff-Spurk, Peter (2008): »TV News – The Daily Horror? Emotional Effects of Violent Television News«. In: *Journal of Media Psychology: Theories, Methods, and Applications,* 20, S. 141–155. 10.1027/1864–1105.20.4.141. Abstract: »In two studies we examined the influence of violent television news on viewers' emotional experiences and facial expressions. In doing so, we considered formal and content aspects of news reports as well as viewers' gratifications as independent variables. Analyses showed that violence in TV news elicits primarily negative emotions depending on the type of portrayed violence. Effects of presentation mode and of expected gratification on the viewers' feelings are traceable. On the whole, fear is neither the only nor the most prominent emotion; rather, viewers seem to react to violence with ›other-critical‹ moral emotions, including anger and contempt, reflecting a concern for the integrity of the social order and the disapproval of others. Emotions shown in reaction to the suffering of others, like sadness and fear, occur much more rarely. The results largely show a complex web of relations between media variables, viewers' characteristics, and emotional processes.«
- Eine Studie zu den Terrorattacken vom 11. September 2001 zeigt, dass Medienkonsum (TV-Stunden zum Thema World-Trade-Center-Attacke) mit posttraumatischen Belastungsstörungen zusammenhängt: Blanchard, E. B.; Kuhn, E.; Rowell et al. »Studies of the vicarious traumatization of college students by the September 11th attacks: effects of proximity, exposure and connectedness«. In: *Behaviour Research and Therapy,* Volume 42, Issue 2, Februar 2004, S. 191 (https://www.ncbi.nlm.nih.gov/pubmed/14975780).

- Zur Prokrastination siehe Dobelli, Rolf: *Die Kunst des klugen Handelns,* Hanser, 2012, S. 149.
- Wie Sie Herr über Ihre Sorgen werden, siehe Dobelli, Rolf: *Die Kunst des guten Lebens,* Piper, S. 283 ff.

Ulrich Wickert
Identifiziert euch!

Was mich antreibt

Der Zustand unserer Gesellschaft macht mir Sorgen. Sie droht auseinanderzufallen. Einerseits wächst die Uninformiertheit im politischen Leben, anderseits bedrohen Gewalt, Egoismus und Individualismus im zivilen Leben den Zusammenhalt der Gemeinschaft. Was ist das für ein Land, in dem Juden vom Antisemitismusbeauftragten der Bundesregierung empfohlen wird, die traditionelle Kopfbedeckung der Kippa in der Öffentlichkeit nicht zu tragen, um nicht körperlichen Angriffen ausgesetzt zu werden? Stattdessen müsste der Staat doch versprechen: Hier ist jeder sicher, und wir sorgen dafür! Da wird der Regierungspräsident Walter Lübcke kaltblütig mit einem Kopfschuss ermordet, mutmaßlich von einem Neonazi, und plötzlich stellt sich heraus: Seit Jahren werden besonders Kommunalpolitiker mit dem Tode bedroht. Und der Staat sagt es ihnen in einigen Fällen noch nicht einmal. Es ist nicht neu, dass Verfassungsschutz und Sicherheitsbehörden versagen, wenn es um rechtsradikale Hassbeschimpfungen, Drohungen und Beleidigungen gegen Politiker geht. Und die Justiz zeigt sich merkwürdig tolerant. Der Leipziger Oberbürgermeister und Präsident des Deutschen Städtetages klagt: »Ich vermisse hier eine klarere Haltung des Staates.«

Es läuft gerade etwas ganz grundsätzlich falsch.

Die Frage, was eine Gemeinschaft ausmacht und was sie zusammenhält, hat mich schon früh in meiner journalistischen Laufbahn beschäftigt. Es ist einerseits das Bekenntnis zu gemeinsam erarbeiteten gesellschaftlichen Regeln, genannt Werte und Tugenden, es hat anderseits auch mit Gefühlen zu tun. Denn bei vielen Menschen spielt das Gefühl eine wichtige Rolle, das ergänzt wird – wenn es gut geht – durch die Vernunft. Beides hängt mit der Suche nach Heimat und dem Wissen um eine gemeinsame, auch kollektive oder nationale Identität zusammen.

Ganz unbewusst habe ich früh ein Heimatgefühl gespürt. Die ersten sieben Schuljahre habe ich in Heidelberg verbracht. Es war eine glückliche Zeit, im Mai sammelten wir Hunderte von Maikäfern in Schuhkartons, im Herbst briet uns die eine oder andere Mutter Esskastanien in der Pfanne; Maronen, die wir im Wald auf dem Heiligenberg zusammengerafft hatten. Doch dann zogen wir, ich war gerade 13 Jahre alt, wegen des Berufs meines Vaters nach Paris. Das war 1956, in einer Zeit, in der man von Heidelberg nach Paris mit dem Auto zwölf Stunden fuhr, mit der Bahn war es auch eine Tagesreise. Also keine Zeit, in der man mal eben für ein Wochenende jemanden von Paris aus in Heidelberg besuchte – oder umgekehrt. Ich verließ meine Kumpel aus der Schule und die »Straßenbande« in der Handschuhsheimer Landstraße mit einem melancholischen Gefühl.

Heidelberg besuchte ich erst wieder fünf Jahre später nach dem Abitur, das ich wegen vieler Umschulungen merkwürdigerweise sogar ein Jahr vor meinen ehemaligen Klassenkameraden in Heidelberg bestanden hatte. Ich erinnere mich heute noch, wie ich ihnen damals bei einem Besuch klagte, am liebsten wäre ich in Heidelberg geblieben, wo mich ein heimatliches Gefühl berührte, weil wir eine verschworene Gemeinschaft gebildet hatten – und jede Ecke der Stadt und der umliegenden Wälder kannten. Sie aber lachten mich aus und sagten: »Wie haben wir dich beneidet. Wir wären alle gern ins aufregende Paris gezogen.«

Der Begriff *Heimat* wurde damals in der Politik häufig diskutiert, denn Flüchtlinge und Vertriebene aus Ostpreußen, aus Schlesien, dem Sudetenland und anderen Gebieten veranstalteten den »Tag der Heimat«, an dem 1956 Vertriebenenminister Theodor Oberländer, ein Altnazi, der schon am Hitlerputsch am 9. November 1923 in München teilgenommen hatte, bekräftigte, dass die Bundesregierung die Forderung der Vertriebenen nach ihrem Heimatrecht unterstütze. Deren Heimatbegriff mag heute noch die AfD vertreten, doch mich beschäftigt ein neues Heimatgefühl. Bezieht sich der Heimatbegriff der AfD doch weitgehend auf die Erde, die Scholle, die Vergangenheit, so gründet das neue Heimatgefühl auf dem kritisch erarbeiteten Wissen um die Geschichte und vielen anderen Elementen, die in so manch einem Fall überhaupt nichts mehr mit dem Ort der Herkunft gemein haben. *Heimat* mag man als Wort ablehnen, sie bleibt trotzdem ein Grundgefühl der meisten Menschen.

Es hat eine Weile gedauert, bis ich gelernt habe, dass nicht allein das Gefühl für Heimat hilft, eine Gemeinschaft zusammenzuhalten. Und es ist auch nicht verwunderlich, dass mich diese Erkenntnis in Frankreich ereilte, wo ich drei Jahre in eine französische Schule ging und zehn Jahre lang als ARD-Fernsehkorrespondent arbeitete. Ich begann, ein Volk zu bewundern, das – ganz anders als die Deutschen – in sich ruht, weil es sich zu seiner Identität bekennt und mit ihr eins zu sein scheint.

In den Achtzigerjahren veröffentlichte der französische Historiker Fernand Braudel, berühmt wegen seiner Universalgeschichte des Mittelmeerraumes, sein Alterswerk mit dem Titel *L'Identité de la France* – die Identität Frankreichs. In Deutschland erschien es unter dem Titel *Frankreich.* Der deutsche Verlag verzichtete auf den Begriff *Identität*, wohl wissend, dass er in Deutschland umstritten ist.

Nationale Identität wird von Braudel nicht politisch, weder rechts noch links, interpretiert, weil dies nicht seiner Definition entspricht. Und dem schließe ich mich voller Überzeugung an. Nationale Identität ist für den Historiker »das lebendige Resultat alles dessen, was die unbeendbare Vergangenheit in aufeinanderfolgenden Schichten geduldig deponiert hat – ganz so, wie die kaum wahrnehmbaren Ablagerungen des Meeres mit der Zeit die mächtigen Aufwerfungen der Erdkruste gebildet haben«.

Wenn ich in Deutschland gegenüber meinen Gesprächspartnern das unverbrüchliche Bekenntnis der Franzosen zu ihrer

Identität lobte, wohl weil ich mir – vielleicht ein wenig naiv – das Gleiche für mein Land, für die Deutschen wünschte, erfuhr ich Misstrauen und Ablehnung. Der kluge Rechtsprofessor, SPD-Politiker und zeitweise Kanzleramtsminister von Willy Brandt, Horst Ehmke, mit dem ich gern stritt, hielt davon gar nichts. Noch in der Hauptstadtdebatte im Juni 1991 im Bundestag sagte er zur deutschen Identität: »Ich liebe dieses Wort nicht besonders, weil es auf die Kategorien von Vergangenheit und Geschlossenheit rekurriert. Ich rede lieber von Selbstverständnis. Die Deutschen sind ja nicht seit Hermann dem Cherusker ein und dieselben geblieben.« Für ihn war *Identität* offenbar das, was sie heute noch für Vertreter der AfD und andere Rechtsradikale ist, wie etwa auch jene, die sich die »Identitären« nennen, übrigens eine Bewegung, die aus Frankreich stammt. *Identität* lässt sich leicht missbrauchen. Die rechte Gruppierung im 2019 neu gewählten Europaparlament nennt sich deshalb auch »Identität und Demokratie«. Denn selbst gebildete Leute missverstehen *Identität* häufig als eine reaktionäre Aussage wie – ich will es leicht ironisch formulieren – »Alle Deutschen sind Germanen. Ausländer raus«.

Eine gewisse Verzweiflung überkam mich deshalb, als Bundespräsident Roman Herzog in seiner Rede zum Tag der Deutschen Einheit am 3. Oktober 1994 kurzerhand die Existenz einer deutschen Identität abstritt. Er sagte: »Wer über dieses Thema spricht, von dem werden heute mehr Wehklagen als Aussagen erwartet. Aber daran will ich mich nicht beteiligen, zumal ich immer noch keinen gefunden habe, der mir erklären könnte, was ›nationale Identität‹ eigentlich ist – ›nationale Identität‹, die uns angeblich fehlt und die wir angeblich dringend benötigen.« Ich vermute, dass auch er dem Irrglauben verfallen war, »nationale Identität« entspringe dem Wortschatz der Vergangenheit. Was aber nicht der Fall ist.

Man mag auch die Existenz einer *nationalen Identität* ablehnen. Sie besteht trotzdem und ist zusammen mit dem Heimatgefühl ein wesentlicher Grundstein für eine funktionierende Gemeinschaft! Deshalb sollten wir uns zu einem neuen Heimatgefühl und zu unserer kollektiven Identität bekennen, um unser Land in eine vernünftige und sichere Zukunft führen zu können. Deshalb meine Bitte: Identifiziert Euch!

Identität in einer modernen Nation

Wer wissen will, wer er ist, muss wissen, woher er kommt, um zu sehen, wohin er will, erkannte schon der Schriftsteller Jean Paul. Wenn wir uns also fragen, wer wir sind, müssen wir in die Vergangenheit schauen und in die Zukunft gerichtet denken. Das bedeutet, dass wir umstrittene Begriffe wie *Identität* und *Volk*, *Nation* und *Heimat* unserer Zeit entsprechend definieren müssen. Was bedeutet (uns) das Wort *deutsch*?

Die allermeisten Deutschen, die heute in der Bundesrepublik leben, sind nach dem Krieg geboren. Ist es da noch notwendig und angemessen, sie mit der Vergangenheit des Nationalsozialismus zu konfrontieren? Entwickelt nicht jeder Mensch seine persönliche Identität und sein Selbstverständnis zunächst aus der jeweiligen Lebenslage und erst anschließend aus dem Geschichtsbewusstsein seiner Umgebung?

Einen mich überzeugenden Grundgedanken zur nationalen Identität prägte der französische Staatsphilosoph Charles de Montesquieu. Er trennt das Menschsein von der politischen Identität jeder Person, indem er von sich sagt, er sei aus Notwendigkeit Mensch, aus Zufall Franzose.

Dieser Grundsatz ist für mich bestimmend, wann immer von nationalen Identitäten geredet wird. Denn aus Montesquieus Überlegung: »Ich bin aus Notwendigkeit Mensch und Franzose aus Zufall«, folgt für mich eine grundsätzliche Gegenüberstellung. *Notwendigkeit* und *Zufall* entsprechen im Bereich der Identität dem Wortpaar *Mensch* und *Nationalität*. In Mensch und Notwendigkeit sehe ich die gleiche Abstufung wie in Nationalität und Zufall.

Und diese Abstufung verlangt, das Menschsein als einen

absoluten Wert einzuschätzen, die Zugehörigkeit zu einem Volk aber nur als einen relativen.

Für den Menschen – gleich, welcher Herkunft er ist – gilt der Schutz der allgemeingültigen Menschenrechte. Als Senegalese, Pole oder Türke kann ein Mensch zwar Respekt für seine nationalen Werte beanspruchen, doch allgemeingültig sind sie nicht.

Ich halte es für unerlässlich, dem Menschsein einen weitaus höheren Wert zu gewähren als einer nationalen Identität. Denn nur wer diesen Maßstab anerkennt, der wird alle Menschen anders einordnen und sie nicht mehr danach beurteilen, ob sie Deutsche sind (und sie im Zweifel mit dem Naziklischee verbinden), sondern er wird erkunden, wer dieser *Mensch* ist, der – aus *Zufall* – mit einer deutschen Identität versehen ist.

Lange bevor er Bundespräsident wurde, antwortete Joachim Gauck auf die Frage, was es für ihn heiße, Deutscher zu sein: »Erst einmal ist es Schicksal. Man sucht sich nicht aus, welche Eltern man hat, sondern die Eltern sind schicksalhaft die Erzeuger. Zweitens sind diese Eltern selbst hineingeboren in einen bestimmten politischen, historischen und regionalen Zusammenhang. Es ist der Ort meiner zufälligen Geburt. Zufällig ein Ort in Deutschland. Und da ich nur einer bin und nur eine Jugend und eine Kindheit habe und nur an einem ganz bestimmten Ort die Leiden und die Freuden, die mich als Person gemacht haben, erlebte, bin ich Deutscher.«

Gaucks Nachfolger im Amt des Bundespräsidenten, Frank-Walter Steinmeier, antwortete, sich auf Montesquieu beziehend, ähnlich: »Wenn mich meine Mutter an ihrem Heimatort Breslau zur Welt gebracht hätte, wäre ich heute Pole. Die Geschichte des 20. Jahrhunderts – Nationalsozialismus, Krieg und Vertreibung – hat dazu geführt, dass ich in Westfalen geboren und Deutscher bin. Das bin ich gern, und manche sagen, ich sei sehr deutsch! ... Ich bin gerne Westfale, Deutscher und Europäer.«

Während Montesquieu eine jede Person zuerst Mensch sein lässt und sie dann mit einer jeweiligen, zufällig erworbenen

Nationalität versieht, wird den Deutschen im Ausland vorgeworfen, sie würden genau umgekehrt denken. In der Außensicht wirken nationale Identitäten häufig anders als in der Innensicht. Die eigene Identität wird durch die Spiegelung manchmal unangenehm klarer, manchmal allerdings auch gröber.

Aber erstaunlicherweise bekennen sich in den letzten Jahren immer mehr Deutsche zum »alten« Denken, seien es Politiker der AfD und deren Anhänger, seien es diese – ja, diesen Begriff mag man mir gestatten – merkwürdigen Menschen, die sich »Reichsbürger« nennen, oder die »Identitären«, die sich für den »Erhalt der ethnokulturellen Identität« einsetzen.

Die Wurzel zu diesem überheblichen Denken liegt nicht etwa in den Rassenvorstellungen der Nationalsozialisten, sondern früher. Sie ist schon Anfang des 19. Jahrhunderts zu finden. Der Philosoph Georg Friedrich Hegel beeinflusste zutiefst das Denken der Deutschen mit seiner Idee von »welthistorischen Völkern«. Als »welthistorisches« Volk sahen sich die Deutschen gern. So beschreibt Mitte des 19. Jahrhunderts der deutsche Schriftsteller und Humorist Bogumil Goltz Deutschland als universelle Nation, da sie sich durch »Vernunftbildung zu einem Welt-Volk« entwickelt habe: »Wie nämlich der Mensch das Geschöpf der Geschöpfe ist, so darf man den Deutschen für den bevorzugten Menschen ansehen, weil er in der Tat die charakteristischen Eigenschaften, Talente und Tugenden aller Rassen und Nationen in sich zu einem Ganzen vereint. … Wir sind so mühselig, arbeitsam und kunstfertig wie die Chinesen. … Wir besitzen die englische Gründlichkeit und Akkuratesse. … Wir besitzen die französische Kunstfertigkeit und Eleganz in allen technischen Künsten. … Wir verstehen uns auf die Musik und alle schönen Künste tiefer als die Italiener. … Wir sind Ackerbauern und Viehzüchter mit Naturliebe und patriarchischem Gemüte wie nur die alten Polen und Ungarn.«

Mit diesem Text könnte auch heute noch ein Kabarettist größte Heiterkeit erzielen, doch deutsche Vorschriften erlauben es Behörden hierzulande, immer noch in diesen rückschrittlichen Kategorien zu denken. Unkritisch übernehmen Beamte und Richter die aus diesem Denken entwickelten Bestimmungen und handeln danach: etwa dann, wenn es zwischen *deutschem* und *fremdem Blut* zu unterscheiden gilt. Deutsche Richter brechen zugunsten des deutschen Blutes sogar internationales Recht – diese Fälle sind nicht etwa selten. Und sie erregen auch keinerlei öffentliches Aufsehen oder gar Proteste. Denn dieses Denken entspringt nicht etwa deutschem Rechtsradikalismus, sondern es entspricht der allgemein vorherrschenden Meinung.

Dieses »nicht restlos überwundene« Denken führt zu absurden rechtlichen und politischen Entscheidungen: Eine in England lebende Frau war von ihrem deutschen Mann geschieden worden, und die beiden gemeinsamen Söhne wohnten bei ihr. Zu Besuch fuhren sie zu ihrem Vater, der sie dann in Deutschland behielt. Daraufhin bemühte die englische Mutter die deutschen Gerichte, doch umsonst. Sie entschieden aus nationalen Motiven gegen die ausländische Mutter, für den deutschen Vater. Aber nicht nur das. Auch politische Interventionen bis hin zum Bundeskanzleramt blieben vergeblich. Denn wenn es zum Streit um das Sorgerecht von Kindern kommt zwischen einem deutschen und einem ausländischen Elternteil, dann schlagen sich Politiker und deutsche Gerichte auf die Seite des deutschen Blutes, selbst wenn sie damit europäisches Recht brechen.

Nationale Beweggründe dürften keine Rolle spielen, wenn um das Sorgerecht gestritten wird. Dies sehen internationale Regeln vor, etwa der UN-Zivilpakt, die UN-Kinderrechts- oder die Europäische Menschenrechtskonvention. Im Haager Übereinkommen über die zivilrechtlichen Aspekte internationaler Kindesentführungen ist sogar genau geregelt, dass Kinder dort leben sollen, wo ihr Lebensmittelpunkt bisher war. Dieses Haager Übereinkommen ist in Deutschland rechtskräftig. Dennoch halten sich deutsche Gerichte nicht immer an die internationale Regelung, sondern entscheiden nach den untergeordneten deutschen Vorschriften.

Wohnt ein Kind aus einer geschiedenen deutsch-englischen Ehe bei seiner Mutter in England, dann wächst es in einer ihm entsprechenden sprachlichen und kulturellen Umgebung auf. Das aber akzeptiert das deutsche Recht nicht. Das Kind aus einer deutsch-englischen Ehe kann nur deutsch sein. Deshalb darf ein deutscher Vater sein Kind aus England entführen, denn, so die richterliche Begründung, wenn »das gesamte soziale Umfeld von einer Fremdsprache bestimmt wird und weder in der Schule noch zu Hause Deutsch gesprochen wird«, dann sei dies für ein »deutsches« Kind unzumutbar. Noch eindeutiger begründete ein anderes deutsches Gericht die Entführung eines Mädchens durch seinen deutschen Vater als rechtens: »In Deutschland lernt sie, ihrem Vater zu vertrauen, während in England stets hässliche Dinge über Deutschland verbreitet werden.«

Wer behauptet, er sei aufgrund seines Wesens Deutscher und dank seiner deutschen Qualität Mensch, der verdreht die Rangfolge. Hinter solch einer Anschauung verbirgt sich die alte Definition des Begriffs *Nation*, eng verbunden mit *Nationalismus*, dessen Merkmal es war, sich besser zu dünken als »die anderen«, die Fremden und Nachbarvölker.

Die Rangfolge muss heißen: von Geburt Mensch, aus Zufall Deutscher.

Menschsein bedeutet, sich im Besitz der Menschenwürde zu befinden, und sie ist die Grundlage der Menschenrechte, also jener ethischen Werte, die das Verhalten in der Gesellschaft regeln.

Deutscher zu sein bedeutet dagegen, einer Gruppe von Menschen anzugehören, zu deren Identität gewisse nationale Eigenheiten, spezielle kulturelle Einflüsse, eine eigene Sprache, vielleicht gar ein Dialekt und – sehr bedeutsam – eine eigene Geschichte gehören.

Wenn wir von einer *nationalen* Identität sprechen, so stellt sich auch die Frage nach dem Begriff *Nation*. Was aber macht die deutsche Nation aus?

Im 18. Jahrhundert war das Land der Deutschsprechenden in unzählige Machtbereiche aufgeteilt. Wenn nicht ein Zentralstaat, was war es dann, das die Deutschen zusammenhielt?

Ein Franzose wird nie infrage stellen, was sein Land zusammenhält. Er hat von früh an gelernt, dass die Republik von Werten wie Freiheit, Gleichheit, Brüderlichkeit lebt, kurz Menschenrechten, und von Begriffen wie *universelle Revolution*, *Republik* und *Nation*.

In Deutschland dagegen schmerzt die meisten kritisch denkenden Bürger die gemeinsame Geschichte wegen der Gräuel des Dritten Reiches, und deshalb traut sich niemand zu behaupten, die Deutschen hätten gemeinsame politische Ziele. Denn welche Missverständnisse könnten sich dahinter verbergen! Der politische Konsens wird zwar immer wieder beschworen, doch wer genau hinschaut, der sieht zwar einen Konsens in den demokratischen Grundwerten, aber keinen Konsens in jenen Fragen, die sich über das reine Staatswesen hinaus mit der Nation und dem Volk, mit Geschichte und Kultur befassen.

Die Wörter *Nation* und *Volk* wirken belastet. Nation, Nationalist, Faschist ist zwar eine falsche Kombination, aber sie prägt die Gedanken gerade junger Leute, die lange nach dem Krieg aufgewachsen sind.

In Festreden wird heute von führenden Politikern oder klugen Intellektuellen gern stolz darauf verwiesen, dass Deutschland eine »Kulturnation« sei, denn sie wagen sich wegen der deutschen Geschichte nicht, dem Begriff *Nation* einen politischen Inhalt zu geben. Aber gerade das tut not. Die ausschließlich kulturelle Definition – selbst wenn sie weltoffen gemeint sein sollte – hat die Deutschen dazu verführt, sich von ihren Nachbarn abzukapseln. Mit der Entdeckung des deutschen Wesens haben sie andere Kulturen, die sie zunächst als ebenbürtig ansahen, als minderwertig eingestuft und schließlich ausgeschlossen, denn es siegte der Gedanke, das deutsche Wesen sei höherwertig. So wie die Franzosen heute noch mit Gesetzen und Bußgeldern versuchen, ihre Sprache von amerikanisch-englischen Vokabeln zu säubern (und die ganze Welt lacht darüber), so dachten im 19. Jahrhundert auch die Gebrüder Grimm bei der Erstellung ihres Wörterbuches. Da klagt Wilhelm Grimm auf der ersten Germanistenversammlung 1846 über das Verderben des Deutschen durch das Fremde: »Alle Tore sperrt man auf, um die ausländischen Geschöpfe herdenweise einzutreiben. Der Kern unserer edlen Sprache liegt in Spreu und Wust: wer die Schaufel hätte, um es über die Tenne zu werfen! Öffnet man das erste Buch, ich sage nicht ein schlechtes, so schwirrt das Ungeziefer zahllos vor unseren Augen.«

Gewiss gehört auch die Kultur zur Gesamtheit einer Nation. Die Frage ist nur, ob sie an erster Stelle steht. Die Deutschen sollten aus ihrer Geschichte gelernt haben, dass eben nicht die Kultur als Ausdruck des Deutschseins vornan steht, sondern die universell gültigen Grundwerte der Menschenrechte und die Werte Freiheit, Gleichheit, Brüderlichkeit.

Die politische Definition der Nation muss von einem gemeinsamen Willen des Staatsvolks getragen werden. Und der sollte in die Zukunft gerichtet sein – wie es der französischen Definition von *Nation* entspricht. Aber so zu denken ist in Deutschland noch nicht weit genug verbreitet.

Die Frage der Definition wäre – wenn es nur um den theoretischen Begriff *Nation* ginge – nicht schwer zu beantworten.

Jeder, der heute versucht, Nation modern und positiv zu definieren, greift auf die politischen Gedanken des französischen Philosophen Ernest Renan zurück, der 1882 bei einer Rede an der Pariser Sorbonne feststellte, die Nation sei ein täglich zu wiederholendes Plebiszit, eine immer wieder neue Befragung ihrer Staatsbürger. In Renans Überlegung stecken mehrere Elemente:

- Plebiszit bedeutet, dass das Volk das Recht hat abzustimmen – also souverän ist;
- täglich heißt, dass immer neu über den Zustand der Nation befunden werden kann.

Nichts ist also endgültig.

In wissenschaftlichen Kreisen in Deutschland hat sich heute die politische Definition zwar durchgesetzt, aber trotzdem wird immer noch heftig darüber gestritten, ob *Nation* nicht längst ein überholter Begriff sei. Die Bezeichnung wird im täglichen Umgang schnell mit Nationalismus oder gar Nationalsozialismus verbunden. Und daraus folgt eine Ablehnung dieses Begriffs.

Ich habe manchmal den Eindruck, dass es immer noch viele Deutsche gibt, die von der Nation Abschied nehmen wollen, weil sie hoffen, mit der deutschen Vergangenheit brechen zu können. Das kann aber nicht gelingen.

Die Deutschen müssen sich mit der Geschichte ihrer Nationswerdung kritisch auseinandersetzen, denn nur so können sie die Irrwege in der eigenen Vergangenheit erkennen – und daraus die richtigen Folgerungen für die Zukunft ziehen. Denn gerade im Denken derjenigen, die aus hypermoralischen Gründen den Begriff der Nation als überholt abweisen, finden sich manchmal Überreste jenes Denkens, das den Deutschen besonders bei den europäischen Nachbarn zur Belastung wurde und in dem Satz gipfelt: »Wir sind die besseren Deutschen.«

Er ist leider kein Klischee und fiel tatsächlich unter westdeutschen Intellektuellen im P. E. N.-Club. Der P. E. N.-Club ist der Zusammenschluss von Schriftstellern, Dichtern und Essayisten. Eigentlich würde man denken, dass seine Mitglieder besonders kluge Personen sind. Aber auch sie können unbewusstes Opfer ihrer nationalen Identität sein. Denn durch die Feststellung von den »besseren Deutschen« sollte begründet werden, dass der P. E. N.-Club der DDR nicht mit dem P. E. N.-Club der BRD verschmolzen werden sollte.

So beschreibt denn auch im Februar 1997 der ostdeutsche Schriftsteller Günter de Bruyn in seiner Dresdner Rede »Zur Sache: Deutschland« sein Erstaunen, als er »nach der Wiedervereinigung mehrfach hören und lesen konnte, dass die alte Bundesrepublik in ihrer Modernität nichts mehr von einem Nationalstaat habe, … dass dieser Nicht-Nationalstaat nun aber seit der Vereinigung 1990 in der Krise stecke, … weil den Ostdeutschen mit ihrer Berufung auf die gemeinsame nationale Kultur, auf das deutsche Volk, auf die deutsche Nation die Konsensbasis der alten Bundesrepublik« fehlt. De Bruyn missfiel, dass die Westdeutschen, »weil sie nationales Denken angeblich schon hinter sich hatten, wieder einmal besser sein sollten als ihre Nachbarn, die noch immer, wie die ostdeutschen Hinterwäldler, auf ihre Nationalfarben fixiert sind«. Und verwundert ist er über den Streit der Intellektuellen, ob das Grundgesetz eine bessere identitätsstiftende Wirkung habe als die Nation.

Betrachtet man noch einmal den Satz von Montesquieu, wonach eine Person aus Notwendigkeit Mensch, aber nur aus Zufall mit einer Nationalität versehen sei, so lässt sich der Schluss ziehen: Die individuelle Identität betrifft den Menschen als Ganzes, die nationale Identität betrifft den Deutschen im Menschen.

Und wirklich zeitgemäß wäre es, wenn die Deutschen ihr Deutschsein nicht so fürchterlich wichtig nähmen. Schließlich ist die Nation weder ein vorgegebener Urgedanke der Schöpfung, der in der Geschichte nur seine Entfaltung erfährt, noch ist sie im Menschen als notwendig für das Menschsein angelegt.

Und doch suchen Menschen den Schutz des vermeintlich Eigenen in einer Welt, die uns vor komplexe Herausforderungen stellt. Zahlreiche Vorgänge verunsichern die Deutschen: Die Klimakatastrophe wird plötzlich spürbar durch heiße, trockene Sommer oder zunehmende Stürme. Die wirtschaftliche Globalisierung wird für den Wandel der Arbeitswelt verantwortlich gemacht. Die Industrialisierung wird durch die Digitalisierung abgelöst. Kommunikationswege verändern sich und lockern traditionelle Bindungen. Die demografische Entwicklung macht Sorge. Es fehlen Facharbeiter, Pflegekräfte, und die mangelnde soziale Absicherung bei sinkender Bevölkerungszahl – Stichwort: demografische Lücke – macht manchen sogar Angst.

In dieser unübersichtlichen Lage überlegen sich junge Menschen immer häufiger, wie sie in Zukunft ihre eigene Biografie gestalten könnten – und diese Frage richten sie an den Staat beziehungsweise die Personen, die ihn repräsentieren: Politikerinnen und Politiker. Während es bei der Auseinandersetzung um das europäische Urheberrecht noch um tatsächliche Interessenauseinandersetzungen zwischen jungen Leuten und Eigentümern von Urheberrechten – wie etwa mir selbst als Autor – ging, die allerdings von der Politik nicht offen geführt wurden, folgten auf Forderungen der Demonstranten der Fridays for Future nur erschreckte Wortmeldungen, aber keine Taten.

Doch was ist dieser Staat? Er könnte ein Stück Lebenssinn vermitteln, wenn es ihm gelänge, den Menschen eine überindividuelle Identität zu geben und ihnen Zukunftsziele zu setzen. Das würde aber voraussetzen, dass es dem Staat gelänge, von seinen Bürgern als Nationsbildender anerkannt zu werden, weil er in der Kontinuität der Geschichte einen kulturellen und politischen Konsens herstellt. Das ist jedoch im heutigen Deutschland nicht der Fall. Der Staat wird als Regierungs- und Machtapparat gesehen und stößt in dieser Funktion sogar auf wachsende Ablehnung. Gesellschaftlich integrierend wirkt er nicht mehr, wie einst noch vor vierzig, fünfzig Jahren, dafür ist das Ende der Volksparteien SPD (die 1990 noch mehr als 900 000 Mitglieder hatte – im Dezember 2019 419 300, weniger als die Hälfte!) und CDU (1990 mehr als 700 000 Mitglieder – im November 2019 407 350) ein Beleg.

Der Ministerpräsident von Sachsen-Anhalt, Reiner Haseloff (CDU), erklärt dazu in der *Frankfurter Allgemeinen Zeitung*: »Politische Macht legitimiert sich vor allem durch eine Grundakzeptanz. Und dieses Grundvertrauen ist in weiten Teilen der Bevölkerung nicht mehr vorhanden.« Das Problem ist also auch führenden Politikern bewusst, aber ändern sie etwas daran?

Die gegenwärtig mühevolle Suche nach der Nation weist eine interessante historische Parallele zur Identitätskrise der deutschen Bildungsbürger vor bald 200 Jahren auf. Damals entwickelten die Deutschen ihren eigenen Begriff der Kulturnation, der ihrer historischen Lage entsprach und sich von dem der französischen Staatsnation abhob.

Schon im 18. Jahrhundert aber hatten Deutschland – oder der Raum, in dem sich Menschen als »deutsch« begriffen, verbunden vor allem durch eine gemeinsame Sprache – und Frankreich begonnen, sich auf zwei unterschiedlichen Wegen zu entwickeln: Im politisch zersplitterten deutschen Volk begann die Suche nach seinen kulturellen Ursprüngen, dem französischen Volk wies die Aufklärung den Weg zu den Menschenrechten und dem Gemeinwohl als Staatspflicht.

Die Selbstbesinnung auf die deutsche Kultur war ein Rückschritt. – Der französische Weg zu universellen Werten war ein Fortschritt.

Während die Kulturnation sich auf Abstammung und (mitunter geklitterte) Geschichte berief, gründeten die Gedanken der Aufklärung auf der Idee, dass die Vernunft Vorrang habe.

Während aber der Stolz auf die eigenen kulturellen Errungenschaften per se nichts Verwerfliches ist, hat sich in einigen Köpfen in Deutschland ein krudes Bild der »gemeinsamen kulturellen Ursprünge« eingenistet. Besonders die AfD und gleichgesinnte Gruppierungen nutzen »Abstammung« und die Vorstellung eines geeinten und homogenen Volkes, um alles abzulehnen, das ihnen fremd zu sein scheint. Der ehemalige Bundespräsident Joachim Gauck warnte 2018 in einer Rede an der Heinrich-Heine-Universität Düsseldorf, mit der Berufung auf die Abstammung tauche »die Gefahr einer Überhöhung der eigenen Ethnie auf, verbunden mit einer scharfen Abgrenzung gegenüber anderen Staaten und einer teilweise aggressiven Abwertung von Minderheiten. Letztlich kulminierte der ethnisch reine Staat, wie es uns das 20. Jahrhundert gezeigt hat, in einer völkermörderischen Vorstellung.« Das war dann besagter »Vogelschiss«, nach AfD-Chef Gaulands Auslegung.

Auch in Deutschland sollten wir den Begriff *Nation* fortschrittlich definieren, sodass nicht ethnische, sondern politische Kriterien ausschlaggebend sind. Deren Ziele sind universell: Menschenrechte, Demokratie, die Republik und die Volkssouveränität. Sicherlich gehören auch viele kulturelle Elemente zu einer Nation, die Bedeutung der Sprache, das große Gewicht der Geschichte, die Literatur, die Musik und so manch eine Tradition.

Um uns zu dieser fortschrittlichen Definition von *Nation* zu bekennen, müssen wir wissen, welches Denken die Deutschen bewegte, als sie begannen, sich mit der Frage der Nation zu beschäftigen. Damals lebten sie – anders als die Franzosen – nicht in einem gemeinsamen Staat.

Und von diesem alten Denken müssen wir uns befreien!

Die Deutschen kannten im 18. Jahrhundert keine Volkssouveränität und keinen gemeinsamen politischen Willen. Die gebildeten Schichten, die zunächst Träger des romantischen Nationalismus waren, befanden sich in einer Krise, weil ein großer Modernisierungsschub zur Lockerung der traditionellen Bindungen des Menschen geführt hatte. Bisher hatten die Deutschen in kleinen lokalen oder regionalen ständischen Gruppen gelebt, die von Traditionen bestimmt waren. Doch jetzt lösten sich diese überschaubaren Gemeinschaften auf. Eine Art Globalisierung nach damaligen Verhältnissen.

Wirtschaftliche, soziale und politische Bedingungen machten den Bürger zwar selbstständiger, aber isolierten ihn gleichzeitig in einer größer gewordenen Gesellschaft.

Die Gedanken der Aufklärung veränderten das Selbstverständnis des Einzelnen, der sich nun kritisch zur Tradition stellte und versuchte, aus seinem bisherigen Stand herauszutreten, um einen eigenen zu errichten. Doch da in den deutschsprachigen Ländern kein Nationalstaat, keine Volkssouveränität, keine universellen Werte dem Einzelnen ein Gemeinschaftsgefühl vermittelten, suchten die Deutschen die Elemente ihrer kollektiven Identität zunächst in der deutschen Kultur, in Sprache, Tradition und Geschichte. Und es war kein Zufall, dass die Kultur als identitätsstiftendes Moment ausgesucht wurde, denn die Träger dieser Bewegung entstammten dem Bildungs- und Beamtenbürgertum. Das wirtschaftlich orientierte Bürgertum spielte in den deutschen Kleinstaaten keine Rolle, ganz im Gegensatz zu Frankreich, wo es zum Träger der Revolution wurde.

Wenn sich eine Nation durch die Souveränität des Volkes definiert, wie die USA oder Frankreich, dann kann sie offen sein für alle, die sich mit den Gesetzen identifizieren. Definiert sich eine Nation aber *romantisch*, also ausschließlich über die Sprache und Kultur eines Volkes, dann schließt sie all jene aus, die andere Prägungen aufweisen. Da wird aus einem Fluss, der mehrere Staaten durchmisst, der *deutsche* Rhein und aus den Bäumen Mitteleuropas der *deutsche* Wald. Romantisch-nationalistische Träumereien, die bis heute noch ihre Wirkung tun. In diesem Geist steckt Nationalstolz, aber auch der Stoff für Hass und Abgrenzung, für Rassedenken und Antisemitismus, wie sie bei der AfD und ähnlichen rechtsradikalen Gruppierungen vorzufinden sind.

Der romantische Nationalismus gab sich allerdings trotzdem weltoffen und kosmopolitisch. Denn er ging – in der Form von *Patriotismus* – ursprünglich davon aus, dass alle nationalen Kulturen in gleicher Weise das Recht auf eine eigene kulturelle Identität und Selbstbestimmung hätten. Und deshalb hat sich eingebürgert, von *positivem* Patriotismus zu sprechen, der dann im 19. Jahrhundert in machtbewussten Nationalismus umgeschlagen sei.

Weil *Patriotismus* als Wort nicht so negativ besetzt ist wie *Nationalismus*, dient er heute vielen als Ersatzbegriff bei der Suche nach dem richtigen Umgang mit Staat und Nation. Doch auch bei der Benutzung dieses Begriffs gilt es, vorsichtig zu sein. Denn schon in der ersten Hälfte des 18. Jahrhunderts haben patriotische Dichter deutscher Zunge Hass und Krieg gepredigt. In Johann Elias Schlegels *Hermann*-Drama wird 1740 das deutsche Volk zum absoluten Wert erhoben und der Hass auf die Feinde Deutschlands geschürt. Mehrere Hermann- oder Arminius-Stücke werden im Jahrhundert der Aufklärung geschrieben, alle mit dem gleichen Pathos. Damit entsteht ein gefährlicher Mythos, der im 19. Jahrhundert seine Blüte erreicht und der sich auch heute noch unbewusst auf das deutsche Denken und Verhalten auswirkt. Im Zentrum des Hermann-Mythos steht der gute Deutsche im Kampf gegen den bösen Feind. Und mit dem Feind waren historisch die Römer und aktualisiert Frankreich gemeint. Daraus wurde dann der Erbfeind.

Gegen die Deutschtümelei gab es auch Widerstand – doch nur von einer Minderheit. So schrieb der deutsche Aufklärer Georg Christoph Lichtenberg: »Es gibt heute eine gewisse Art Leute, meist junge Dichter, die das Wort deutsch fast immer mit offnen Nasenlöchern aussprechen.«

Der Patriotismus und der romantische Nationalismus waren als Wegbegleiter des deutschen Nationengedankens also keineswegs nur fortschrittlich, wie noch häufig behauptet wird. Wer auf der Suche nach einem heute annehmbaren nationalen Bewusstsein ist, der wird den machtbesessenen Nationalismus ablehnen. Aber auch der Begriff einer deutschen *Kulturnation* kann nicht als Vorbild für einen friedlichen Patriotismus dienen, obwohl das Wort *Kultur* für einen Deutschen mit Theaterabonnement doch so gütig und gebildet klingt.

Die um ihr Selbstbewusstsein bemühten Deutschen sahen sich zu Beginn des 19. Jahrhunderts diesem starken Nachbarn Frankreich gegenüber, der nach der Revolution seinen politischen Nationalgedanken nicht nur mit der Gewalt des Geistes, sondern auch mit Waffen und Napoleons Armeen nach Europa hineintrug. Die Auseinandersetzung mit Frankreichs Ideen und Vorreiterrolle ließ bei den Deutschen im Laufe eines Jahrhunderts das Sendungsbewusstsein des eigenen Volkes wachsen, was dazu führte, dass Kaiser Wilhelm II. den Schlussvers von Franz Emanuel Geibels Gedicht *Deutschlands Beruf* aus dem Jahr 1861 – »Und es mag am deutschen Wesen einmal noch die Welt genesen« – zum politischen Schlagwort umformte. (Übrigens haben sich in der Rolle des »Weltvolks« nicht nur Deutsche oder Franzosen, sondern zu anderen Zeiten auch Engländer, Spanier, Italiener, Polen und Tschechen gesehen.)

Der Historiker Thomas Nipperdey gibt drei Gründe an, weshalb es nicht schon nach Ende der Napoleonischen Kriege und dem Wiener Kongress zu einer deutschen Nation kam. Zum Ersten wollten die neu gebildeten deutschen Einzelstaaten ihre Souveränität nicht abgeben. Zum Zweiten war der Dualismus zwischen Wien und Berlin nicht zu lösen, da keiner von beiden eine Mehrheit hinter sich versammeln konnte. Zum Dritten wurde Deutschland 1815 durch die Fürsten und nicht die Völker neu geordnet, was schließlich eine gesamteuropäische Aufgabe war, derer sich die regierenden Monarchen annahmen.

Wer heute einen Franzosen fragt, was die Definition von *Nation* und *Republik* ausmacht, so wird er, ohne zu zögern, drei Werte vorgeben: Freiheit, Gleichheit, Brüderlichkeit, die aus der Zeit der Französischen Revolution 1789 stammen, in der das Bürgertum über den Adel siegte.

In Deutschland triumphierte dagegen 1871 der deutsche Adel über das national-freiheitlich gesinnte Bürgertum, das vom Gedanken des romantischen Nationalismus und der Kulturnation geprägt war.

Nun liegt die Geburtsstunde des nationalen Staates in Deutschland in einer Zeit, in dem die Arbeiterschaft als Klasse entstand. Das Proletariat befand sich damals im Wettbewerb mit dem Bürgertum, das sich nun entscheiden musste, ob es seine liberalen Vorstellungen von einer demokratischen Nation mit der Arbeiterschaft teilen und gegen den Adel erkämpfen wollte. Dazu war es jedoch nicht bereit.

So waren es Fürsten, Könige und auch ein Kaiser, die bestimmten, wie die Staatsnation aussehen sollte. Der Bürger beschloss, Politik sei ein »schmutziges Geschäft«, widmete sich eher der Wirtschaft – aus der der Adel sich raushielt – und definierte seine eigene Nation, die er *Kulturnation* nannte und auf die sich viele Deutsche heute noch berufen, weil sie den Begriff positiv definieren. Denn die Kulturnation erhebt sich angeblich über die politische Nation.

Ich halte diese Entwicklung für verhängnisvoll für die deutsche Identität.

Denn die Idee des französischen Nationalstaats ist demokratisch: Nach der Vorstellung von Jean-Jacques Rousseau schließen die einzelnen Bürger einen Gesellschaftsvertrag und konstituieren so ein Ganzes.

Die Kulturnation drückt aber genau das Gegenteil aus: Die deutsche Volksnation ist dem Einzelnen vor- und übergeordnet.

In Frankreich sind alle Bürger Träger der Staatsnation.

In der deutschen Kulturnation sind es dagegen – nur – die Gebildeten.

Das hat die fatale Folge gehabt, dass in Deutschland Macht und Geist bis heute eine Abneigung gegeneinander spüren lassen.

All jene, die sich bei der Auseinandersetzung mit dem Thema *Nation und Nationalismus* unwohl fühlen, seien darauf hingewiesen, dass der Begriff *Nation* demokratisch, weltoffen und fortschrittlich definiert sein sollte.

Es mag kein Trost sein, aber es ist auch wichtig, sich bewusst zu machen, dass es in Europa keine ausschließlich gute oder schlechte Verwirklichung des Nationengedankens gibt. Leider haben in der Vergangenheit die schlechten Elemente überwogen, darum gilt es, wachsam zu sein, wenn der Begriff *Nation* von Nationalisten missbraucht wird.

Nach dem Zweiten Weltkrieg begannen in der Bundesrepublik fortschrittliche Denker mit der Suche nach der Antwort auf die Frage: Welchen Inhalt können wir unserem Staat geben, um nicht wieder dem größenwahnsinnigen Nationalismus zu verfallen?

Die Gedanken des romantischen Nationalismus und der Kulturnation wurden von den Theoretikern fallen gelassen. Stattdessen hielt die französische Definition von *Nation* Einzug, nach dem Motto – so Habermas: »Nationalstaat und Demokratie sind als Zwillinge aus der Französischen Revolution hervorgegangen.« Dieser Gedanke hat sich in der breiten Öffentlichkeit aber noch nicht durchgesetzt.

Man spricht nun von der Staatsbürgernation, die ihre Identität nicht in ethnisch-kulturellen Gemeinsamkeiten findet, sondern in der Praxis von Bürgern, die ihre demokratischen Rechte ausüben. Aus der Überlegung heraus, dass sich die Bürger in einem Staat zu einem gemeinsamen politischen Willen zusammenschließen, entwickelte 1979 der Politikwissenschaftler Dolf Sternberger den Begriff des *Verfassungspatriotismus*. Ein Gedanke, den Philosophen wie Jürgen Habermas und Politiker wie Bundespräsident Richard von Weizsäcker übernahmen und verbreiteten.

Die Nation war für viele Deutsche zu belastet durch den Nationalsozialismus und damit zusammenhängend mit Nationalismus. Nun meinte Dolf Sternberger anlässlich eines Kolloquiums zu seinem 80. Geburtstag 1987, die Staatsbürger müssten sich mit ihrem Verfassungsstaat identifizieren, und dies gelänge am besten in der Form des Patriotismus, der Vaterlandsliebe als Bürgertugend deute: »Ich wollte nicht einen Ersatz für den nationalen Patriotismus bieten. Vielmehr wollte ich darauf aufmerksam machen, dass Patriotismus in einer europäischen Haupttradition schon immer und wesentlich etwas mit Staatsverfassung zu tun hatte, ja dass Patriotismus ursprünglich und wesentlich Verfassungspatriotismus gewesen ist.«

Nun steckt allerdings in dem Wort *Verfassungspatriotismus* ein Widerspruch. Die *Verfassung* beruft sich auf universelle ethische Werte. In Artikel 1 des Grundgesetzes heißt es: »Die Würde des Menschen ist unantastbar.« Im *Patriotismus* werden die Staatsbürger auf die Treue gegenüber ihrer Nation eingeschworen. In Treue und Loyalitäten stecken aber nicht nur Vernunft, sondern auch Gefühle. Gefühlen ist eigen, dass sie die Fähigkeit haben, abstrakte Gedanken, wie sie im Verfassungspatriotismus stecken, ins Wanken zu bringen.

Wolfgang Schäuble sagte mir, als wir ein Gespräch über Identität und Nation führten, er habe über den Begriff *Verfassungspatriotismus* in Freiburg mit Professor Dieter Oberndörfer diskutiert. »Da habe ich gesagt: ›Oberndörfer, wenn Deutschland gegen Frankreich spielt – für wen sind Sie?‹ ›Blöde Frage‹, hat er mir geantwortet. ›Doch, Sie müssen antworten. Denn wenn Sie sagen, Sie seien für Deutschland, dann folgt die Anschlussfrage: Warum ist die französische Verfassung schlechter?‹«

Ganz schlitzohrig fügte Schäuble dann hinzu: »Aber die ganze nationale Identität löst sich sofort auf, wenn der KSC (Karlsruhe – aus Baden) gegen den VFB (Stuttgart – aus Schwaben) spielt.« (»Schwaben schaffen, Badener denken«, diese Herausbildung regionaler Identitäten und Vorurteile findet erst seit dem späten 19. Jahrhundert Einzug ins kollektive Gedächtnis. Mitschuld an der Feindschaft war Napoleon. Er machte bei seinen Eroberungszügen das Herzogtum Württemberg zum Königreich mit Hauptstadt Stuttgart, während in Baden nur ein Großherzog in der Hauptstadt Karlsruhe regierte.)

Die nationale Identität kennt eben ihre Abstufungen. Das zeigt wieder einmal, dass eine Identität nicht absolut festgelegt ist. National denkt Schäuble, wenn »Die Mannschaft« gegen ein ausländisches Team spielt. Lokal denkt er, wenn seine Heimatmannschaft gegen einen anderen deutschen Verein spielt.

Schäuble zieht daraus den Schluss: »Ich würde mich wohl leichter von einem Schwarzwälder oder Badener in einen Hanseaten verwandeln als in einen Franzosen.«

Als Cem Özdemir, lange Jahre Bundesvorsitzender der Grünen, im Januar 2019 in Heidelberg mit dem Dolf-Sternberger-Preis ausgezeichnet wurde, hielt er eine bemerkenswerte Rede, in der er schilderte, wie er als Migrantenkind durch seine Lehrerin Frau Mogg zum Verfassungspatrioten wurde. Frau Mogg unterrichtete ihn an der Realschule in Geschichte und Gemeinschaftskunde. Ihre Begeisterung für Politik hat ihn angesteckt: »Bei uns zu Hause gab es keine deutschen Tageszeitungen, nicht einmal die Lokalzeitung. Also hat sich Frau Mogg etwas einfallen lassen: hat ihre Klasse mitgenommen zu einer Gemeinderatssitzung, hat mir als Hausaufgabe aufgegeben, zwei Wochen lang die *Tagesschau* zu gucken. Und plötzlich erkannte ich, dass das, was ich in der Lokalzeitung las, in der *Tagesschau* sah, mein Leben mit bestimmte.

Frau Mogg führte mich, das Migrantenkind, ganz selbstverständlich an politische Teilhabe heran, weil ich für sie genauso ein Teil derselben Gesellschaft, derselben Wertegemeinschaft war wie die Hans' und Marias in unserer Klasse.«

Im Alter von 16 Jahren beschloss Cem Özdemir deswegen, deutscher Staatsbürger zu werden. »Ich erfand mich damit keineswegs neu, sondern im Gegenteil: Ich erkannte, dass das Grundgesetz einen identitätsstiftenden Rahmen bietet, der mir ermöglichte, ich selbst zu sein und zu bleiben und trotzdem meinen Weg zu gehen.«

Der Verfassungspatriotismus prägt allerdings nur einen Teil der nationalen Identität. Nicht nur die Sprache, nicht nur die Zivilisation, die aus Märchen und Mythen, Gedichten und Geschichten, Erlebtem und Erzähltem besteht, prägen den Zusammenhalt. Nationale Gemeinsamkeiten, die aus einer Nationwerdung, aus einer längeren Geschichte, aus Erinnerungen und Erfahrungen herrühren, verbinden Individuen mit dem Ganzen.

Aber bei den Deutschen verhindert der durch den Nationalsozialismus und die nationalsozialistische Gräuelherrschaft erfolgte Bruch in der deutschen Geschichte die ungeprüfte Berufung auf die prägenden Elemente einer Nation. Bis aber neue Gemeinsamkeiten und Mythen entstehen, muss geraume Zeit verstreichen.

Auch Symbole beeinflussen die nationale Identität: die Nationalhymne, der Nationalfeiertag, die Nationalfarben. Aber vor solchen Symbolen haben sich die meisten Bürger in den Nachkriegsjahren gehütet. In den Achtzigerjahren gehörte es bei vielen sogar noch zum guten Ton, sich zu wünschen, dass die Fußballnationalmannschaft besiegt werde.

Die Akzeptanz der Fahne hat bei den Deutschen erst durch die »Sommermärchen« genannte Fußballweltmeisterschaft 2006 eine größere Zustimmung erhalten. Plötzlich wehten von den meisten Balkonen, an Autos, in den Stadien deutsche Fahnen. In den Fußballstadien schwenkten die Deutschen fröhlich Schwarz-Rot-Gold, malten sich die Farben mit Schminke ins Gesicht.

Auch ich hatte mir im Juni 2006 eine deutsche Fahne um den Hals gehängt, die mir meine Frau gekauft hatte, als wir mit Günter Grass und einem seiner Söhne im Olympiastadion in Berlin zum Viertelfinalspiel Deutschland gegen Argentinien erschienen. Ein deutscher Journalist schien verwundert und fragte mich, ob das Schwarz-Rot-Gold um meinen Hals nicht ein Ausdruck von Nationalismus sei. Ich verneinte es lachend. Dann wandte er sich Günter Grass zu, was er denn dazu meine. Ach, antwortete Grass sehr zögerlich, er sei Verfassungspatriot. Allerdings hat Grass sich dann doch von der Unbekümmertheit der Deutschen anstecken lassen und trug beim nächsten Spiel der Deutschen im (dann verlorenen) Halbfinale gegen Italien auch einen schwarz-rot-goldenen Schal.

Und das Ausland entdeckte plötzlich ein fröhliches, unverkrampftes Volk. In Großbritannien, wo Deutschland in der Karikatur immer noch als Nazivolk dargestellt wurde, war die Wahrnehmung der »neuen« deutschen Identität am stärksten spürbar – vielleicht, weil dort die Vorurteile noch am stärksten waren.

Cem Özdemir sagt in seiner Rede zum Dolf-Sternberger-Preis, er habe vor Kurzem eine »angemessen repräsentative und sichtbare deutsche und europäische Flagge« in sein Zimmer im Bundestag gestellt: »Für mich symbolisieren diese Fahnen ein Deutschland, ein Europa, das weiter auf dem aufbaut, was wir nach der Urkatastrophe der Naziherrschaft in der Bundesrepublik und in der Europäischen Union geschaffen haben.«

Nun hat sich die Weltpolitik Ende der Achtzigerjahre in einer Weise verändert, wie sie kein Deutscher zu erträumen wagte. Und mit der Vereinigung der beiden deutschen Staaten wurden Tabus aufgehoben, die bisher die Reflexionen auch deutscher Staatsdenker beeinflusst hatten.

Spätestens mit der deutschen Einheit wird die Frage nach der deutschen Nation wieder gestellt, und die Berufung auf die Verfassung reicht nicht mehr aus. Der Begriff *Verfassungspatriotismus* ist ungenügend, weil die Deutschen in der ehemaligen DDR das Grundgesetz von Westdeutschland annehmen mussten – ob sie wollten oder nicht.

»Ich sage bewusst ›annehmen mussten‹, weil keine Zeit blieb, länger darüber nachzudenken«, erklärte der ostdeutsche Dirigent Udo Zimmermann ein Jahr nach der Vereinigung. Und er drückt damit aus, was selbst dreißig Jahre nach der Wiedervereinigung viele ehemalige DDR-Bürger denken. Zimmermann meint, der Satz »annehmen müssen« sei genau der richtige Ausdruck, weil damals »keine Zeit blieb, über eigene Biografien, über vierzigjährige Lebensläufe, über Vita, über Lachen, Tränen, Hoffnung, Zweifel und Angst nachzudenken. Man konnte nicht sorgfältig genug prüfen, inwiefern ein Stück eigene Identität – die Identität eines vierzigjährigen Lebens, für manchen ein ganzes Leben – hier und dort verloren gehen musste. … Heute müssen wir das Fremde eines Staatsgesetzes der Bundesrepublik Deutschland zu unserem Eigenen machen, ohne in dem Fremden schon richtig gelebt zu haben. Heute müssen wir Rechte verteidigen, ohne sie schon richtig zu besitzen. Vielleicht sind wir zur Stunde auf der Suche nach einer neuen Identität.«

Wie kein anderer Bundespräsident hat sich Richard von Weizsäcker mit der Frage der deutschen Nation, ihrer Geschichte und den Folgen befasst. Er schafft die Begriffe *Geschichtspatriotismus* und *Aufgabenpatriotismus*. Damit will er das Verpflichtende wie auch das Verbindende hervorheben. Denn sowohl in der gemeinsamen Geschichte wie auch in den gemeinsamen Aufgaben befänden sich, so Weizsäcker, »die entscheidenden Merkmale, die uns als das charakterisieren, was wir sind, was wir verletzt haben, was wir aber auch bewältigen können«.

Wer aus der Geschichte der Nationen Lehren zieht und bedenkt, dass die Menschen nicht nur vernunftgelenkt, sondern auch gemütsabhängig sind, der wird von mehreren Voraussetzungen ausgehen, um *Nation* – im Sinne von Nationalstaat – heute modern zu definieren:

- Sie umfasst eine Gesellschaft, die eine politische Willensgemeinschaft innerhalb eines bestimmten geografischen Gebietes bildet; diese Willensgemeinschaft gründet auf dem Gedanken des Selbstbestimmungsrechts und der Souveränität des Staatsvolks;
- alle Mitglieder der Gesellschaft sind vor dem Gesetz gleich und verstehen sich als Solidargemeinschaft;
- aus der gemeinsamen geschichtlichen und kulturellen Herkunft entwickelt die Nation einen Grundkonsens,
- aber die Gesellschaft umfasst auch mehrere Volks- und Kulturgruppen.

Theoretisch klingt diese Aufzählung gut, aber praktisch ist es sehr schwer, sich nach dieser Definition zu richten. Denn wie viel Müll aus der Geschichte schleppen die Deutschen noch mit sich, einmal als eine Last, die zu politischen Reaktionen oder auch leicht zu Selbsthass führt. Zum anderen aber überleben noch immer Reste aus Mythen, die Deutsche zu dem Glauben verleiten, sie seien »besser«, als sie selber merken. Da wird etwa der geschichtliche und kulturelle Grundkonsens angesprochen, aber gibt es den überhaupt in Deutschland? Hat die DDR nicht einen anderen Weg zur Nation gesucht – und bleiben solche Gedanken nicht in den Köpfen der ostdeutschen Bürger bestehen?

Autorinnen und Autoren

Alexander von Schönburg, Jahrgang 1969, war u. a. Redakteur der *FAZ*, Kolumnist bei *Vanity Fair* und Chefredakteur von *Park Avenue,* seit 2009 schreibt er für *BILD*. Seine Bücher »Die Kunst des stilvollen Verarmens«, »Smalltalk«, »Weltgeschichte to go« und »Die Kunst des lässigen Anstands« waren Bestseller. Alexander von Schönburg lebt mit seiner Familie in Berlin.

Bettina M. Pause studierte Psychologie an der Universität Kiel und promovierte dort. Zehn Jahre später folgte die Habilitation über den »Zusammenhang von Geruch und Emotion« – das Thema ist bis heute einer ihrer Forschungsschwerpunkte. 2005 wurde sie als Professorin für Biologische Psychologie und Sozialpsychologie an die Heinrich-Heine-Universität Düsseldorf berufen.

Denis Scheck, geboren 1964 in Stuttgart, lebt heute in Köln. Bereits im Alter von 13 Jahren gründete er eine eigene literarische Agentur. Als literarischer Übersetzer und Herausgeber engagierte er sich für Autoren wie Michael Chabon, William Gaddis und David Foster Wallace, Antje Strubel und Judith Schalansky. Lange arbeitete er als Literaturkritiker im Radio, heute ist er Moderator der Fernsehsendungen *Lesenswert* im SWR und *Druckfrisch* in der ARD.

Nora Kreft ist Philosophin und forscht zu den Themenbereichen Liebe und Autonomie. Sie promovierte in Erfurt und Graz und ist als wissenschaftliche Mitarbeiterin am Lehrstuhl für Philosophische Anthropologie der Humboldt-Universität in Berlin tätig. Zum Thema »Philosophie der Liebe« trat sie in den Medien vielfach als Expertin auf.

Philipp Gut, geboren 1971, ist Historiker und Journalist. Er hat außerdem mehrere Bücher veröffentlicht, unter anderem über Hermann Hesse und Winston Churchill. Seine Dissertation über Thomas Mann wurde mit dem Förderpreis der Deutschen Thomas Mann-Gesellschaft ausgezeichnet.

Rolf Dobelli, Jahrgang 1966, ist Gründer und Intendant von WORLD.MINDS, einer Community von weltweit führenden Persönlichkeiten aus Wissenschaft, Kultur und Wirtschaft. Er schreibt Romane und Sachbücher, darunter die Bestseller »Die Kunst des klaren Denkens«, »Die Kunst des klugen Handelns« sowie »Die Kunst des guten Lebens«, die weltweit eine Millionenauflage erreichten und in über 40 Sprachen übersetzt wurden. Er lebt mit seiner Familie in Bern.

Shirley Michaela Seul hat zahlreiche erfolgreiche Bücher in verschiedenen Genres veröffentlicht, darunter Sachbücher, Ratgeber und Krimis.

Ulrich Wickert, geboren 1942 in Tokio, ist einer der bekanntesten Journalisten Deutschlands. Er machte sich mit kritischen Beiträgen beim Fernsehmagazin *Monitor* einen Namen, bevor er für 14 Jahre als ARD-Auslandskorrespondent aus Washington, New York und Paris berichtete. 15 Jahre lang moderierte er die *Tagesthemen* und galt in dieser Zeit wegen seiner stilistisch geschliffenen, stets mit Ironie gespickten Texte als beliebtester Moderator des deutschen Fernsehens. Heute lebt er in Hamburg und Südfrankreich und ist Autor zahlreicher Sachbücher und Kriminalromane.

Valerie Schönian, Jahrgang 1990, wuchs in Magdeburg auf. Für ihr Studium der Politikwissenschaft und Germanistik ging sie nach Berlin und absolvierte anschließend die Deutsche Journalistenschule in München. Heute lebt sie als freie Journalistin in Berlin und arbeitet u.a. für das Leipziger Büro der *ZEIT*.

Quellen

ERKENNTNISSE

Aus Wissenschaft und Philosophie

Nora Kreft: Was ist Liebe. Sokrates? Die großen Philosophen über das schönste aller Gefühle. Piper Verlag, München 2019, S. 9–11 und 131–151

Bettina M. Pause und Shirley Michaela Seul: Alles Geruchssache. Wie unsere Nase steuert, was wir wollen und wen wir lieben. Piper Verlag, München 2020, S. 13–20 und 21–44

Denis Scheck: Schecks Kanon. Die 100 wichtigsten Werke der Weltliteratur – von »Krieg und Frieden« bis »Tim und Struppi«. Piper Verlag, München 2019, S. 7–12, 18–22, 86–89, 195–198, 236–239 und 382–385

ERFAHRUNGEN

Aus Politik und Zeitgeschichte

Philipp Gut: Jahrhundertzeuge Ben Ferencz. Chefankläger der Nürnberger Prozesse und leidenschaftlicher Kämpfer für Gerechtigkeit. Piper Verlag, München 2020, S. 9–11 und 107–128

Valerie Schönian: Ostbewusstsein. Warum Nachwendekinder für den Osten streiten und was das für die Deutsche Einheit bedeutet. Piper Verlag, München 2020, S. 13–26 und 99–110

Alexander von Schönburg: Der grüne Hedonist. Wie man stilvoll den Planeten rettet. Piper Verlag, München 2020, S. 9–20, 30–31 und 32–47

EINSICHTEN

Aus Gesellschaft und Psychologie

Rolf Dobelli: Die Kunst des digitalen Lebens. Wie Sie auf News verzichten und die Informationsflut meistern. Piper Verlag, München 2019, S. 23–38 und 77–80

Ulrich Wickert: Identifiziert euch! Warum wir ein neues Heimatgefühl brauchen. Piper Verlag, München 2019, S. 9–14 und 74–105